自叙伝

亡き母に捧ぐ

踏まれても根強く生きる

いけだ〈立花〉はるみ

木星舎

序

母が八十二歳を迎えた年に我が家での生活が始まった。

それから数年経過してからだと思う。母が「貴女のこれまでの人生を小説にしたかった」と口にするようになった。私は以前からその言葉を何度か耳にしていたが、返答できず聞き流していた。母の想いをすでに察知していたからである。

それは昨今問題視されている、私が幼少の頃に父から受け続けた虐待のこと、そしてその後の私の生き方であろうと。母の気持ちがわかるだけに返答に迷い続けていたが、どこかで私の考えを伝える必要があるのではと、ある日思い切って伝えた。

まず、自身が受けた虐待の過去は恥だと思い、もちろん主人にも子供にも親戚にも秘密にしてきたこと。そして、この思いはしっかり心に秘めて旅立っていきたいと決心していることである。

しばらく母は下を向いていたが、こくりと頷いた。涙していたと思う。

それからは私もできるだけ明るく生活をして忘れ去ることに努め、母も一昨年、百四歳で天寿を全うした。

その後、寂しい日々が続いたが、母が亡くなって三カ月後、そして今年の一月と次から次へと虐待による悲惨なニュースがテレビや新聞などで報道された。助けを求めながら誰からも手を差し伸べられることもなくこの世を去った子供たちのつらく儚い人生を思うと、私は言い尽くせないほど苦しくなり、憂鬱な毎日が続いた。それは、被害にあった子たちが、私が虐待を受けていると認識し始めた年頃と同じ五～十歳だったこともある。

そんなある日、母の想いを改めてふり返ろうと思い立ち、虐待の過去を恥だと思っていた自分に問いかけてみた。

二歳の頃に父の虐待が始まって以来、祖父、叔母、母に助けられ守られてきたからこそ私は八十歳を迎えることができた。それを考えると、ここにきて徐々に迷いが消え始めた。母の望みを叶えよう、そう心に決めると恥や見栄も頭から消えていった。

そして幼少の頃からの人生をふり返ると、嬉しかったこと、楽しかったこと、悲しかったこと、つらかったこと、我慢したこと、泣きすぎて呼吸が苦しくなったことなど、その記憶は昨日のごとく、湧水があふれるように思い出され、もう書いてみたい、その気持ちを抑えることはできなくなった。

妹にその旨を伝えたが、唯一、私の過去を知っているだけに、「私は活字になっても読めないと思う」と返ってきた。

寂しい答えだったが私に迷いはなくなっていた。

我が家で暮らし始めて１年が過ぎた頃の母

目次

家族の温もり

母と父、私のこと

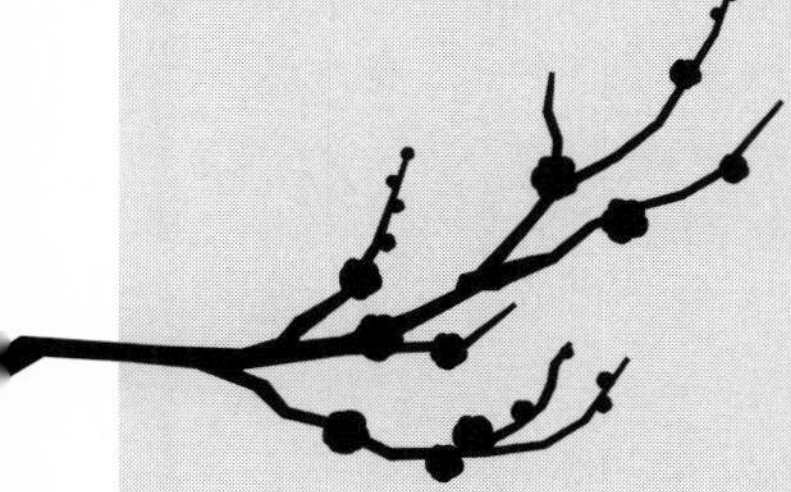

母のこと

最愛の母を見送る

平成二十九年師走、曇空の寒い日で母の容態が気になり、かかりつけのクリニックへ報告すると、すぐに訪問診療を受けることになった。

診察が終わると先生は静かに布団を母の胸元まで掛け、頷き、「大変だったね」と同行の看護師長、看護師とともに言葉をかけてくださると、「ではまたいつでも」と患者さんの待つ病院へと帰られた。先生は、私が看護師として現役時代に勤めていた病院の二人いた副院長の一人で、優しい方である。その姿を車が見えなくなるまで見送ると、これが最後かもという予感が頭をよぎり涙が落ちた。

そしてその日の十六時過ぎ、百四歳の母は眠るが如く静かに旅立った。

色白で綺麗なお母さんやねと言われた私にとって自慢の母であった。柳川藩の子孫であったことを心に秘め、旧姓をこよなく愛し、誇りを持って生活しているようだった。

弟がすぐに駆けつけ、大変だったねと言われた途端、今までの様々なことが吹き飛び、その一言が何より嬉しかった。

当日の夜は妹と永遠の眠りについた母と、泣きながら仮通夜を過ごした。

翌日の夕方、式場へと向かい通夜を営み、その夜も線香とろうそくを継ぎながら、二人で最後の夜を見守った。弟は当日、帰り難いらしく何となない仕草が見られたが、あえて声をかけるのを控えていると、「じゃあ、よろしく」と言って式場を後にした。後で、末っ子の弟をこよなく愛した母が、顔良く、頭良く、スタイル良しと友達から弟を褒められて嬉しそうだったことを思い出し、声をかけておけばよかったと、少し悔やまれた。

そして翌日、沢山の花に囲まれて葬儀が行われ、その後、初七日、四十九日、百日、初盆、お彼岸と続き、母の他界から一年、昨年暮れに一周忌を終えることができた。

思い出の品々

母の遺品整理は昨年から少しずつ始めていたが、今年に入り本格的に始めなければと自分に言い聞かせて腰を上げた。

同居を始めて二十二年間の思い出はあまりにもつまりすぎていて、特に写真、そして衣類を整理するたびに一枚一着ずつが、「あぁ、あの時」と手に取るたびに胸が一杯になり、ついにこみ上げてくるものを抑えきれなくなる自分がいた。

田舎生活の長かった母は海の景色を好み、ドライブに行けば、太陽に照らされてキラキラ光るさ

遺品にあった母手製のハンカチと
集めていたまん丸の石

ざ波に感動し、妹夫婦と私たちで旅行した時などは「私は幸せ者、もういつ死んでも思い残すことはないよ」と喜んで、出かけるたびにしみじみと語っていた。

しかし、その反面、遠慮のない間柄でもあり、些細なことで言い合いになり、気まずくなった日もあった。理解しあえず、私に手を出して胸を押してきたこともある。私もつい我慢できず軽く手を叩き返すと、また返されたが、その時は私も冷静になり「手を出したら負け」と言うと落ち着いてくれた。

言わなければよかった、しなければよかったと反省することや思い出は尽きず、色々な面でも整理が進まない。母の遺品を見るたび寂しさが押し寄せ、つらい日々が続いた。少し心の落着きを取り戻すためにも、思い切って整理を一旦中止して延期しようかとも考えた。

母と弟夫婦

ふり返ってみると私も今年一月で八十歳を迎えた。すると、母が我が家で生活を始めたのも八十歳過ぎであったことに気づき、急に母が惜しく感じられた。当時の母の悩みの深さはいかばかりであったか今となっては量るよしもないが、その複雑な気持ちを思うと胸が痛み続けた。事実、当時の母は、我が家での生活は決して本意ではなかったはずである。

その頃、母も父も体調を崩しがちで、田舎での不便な生活を案じて、両親だけの生活はもう限界だろうと、二人のために弟夫婦は自宅を増築してくれた。私もひと安心、母も再び孫との生活ができると喜んで同居生活が始まった。

父は生まれ育った故郷を離れ難いらしく、しばらく一人での生活を選択していたが、無理が生じて続かなかった。そこで妹弟と話し合った結果、妹夫婦が引き受けることになったが、環境に慣れなかったせいか、およそ一年後に体調を崩し病院へ入院した。その後、施設への入所となったが、妹夫婦は施設通いを続けてくれた。

一方、母は弟宅で楽しい生活のはずだったが、長くは続かなかった。

それは母の体調が落ち着き、一時的に我が家で生活していた時のことだが、お盆も近くなるのに帰る気配がない。その様子がいつもと違うと弟宅に電話をすると、弟嫁が電話口に出て、話したいことがあるとのこと。それはこれから先、母との同居は続けられないということであった。加えて弟との生活にも色々あり離婚も考えているとのことで、先の見えない返事をもらった。孫が小さい時の同居生活は皆楽しそうにしていたのになぜと思ったが、とにかく弟嫁の希望通り、二人きりで話し合った。

話を聞いていくうち、これ以上母との生活を続けていると離婚にもなりかねないと感じ、そしてまず弟夫婦の子供三人が中学校、高校、大学在学中であることが頭をよぎったため、母を帰すのはもう無理だと判断した。母からは一言も聞いていなかったが、それなりの覚悟で我が家にきたのではないかと悟り、惜しく可哀想に思った。

主人の心の広さ

母を引き取るためには、まず主人の理解を得なければと思い、その数日後、母と弟夫婦の話を切り出した。

すると主人はしばらく沈黙を続け、ゆっくりと話をしてくれた。

「俺は母を学生の時に亡くした。妹も学生で十七歳と二十歳。母の急逝をどうしても受けとめられんで、身の置き所がないくらい悲しくて、力が抜けてやる気もなくなっていった。母は四十六歳の若さやったよ。父も現役で多忙やったから、それから一年ぐらいで再婚したんやけど、俺も妹も心の整理もつかん時期やったから、到底馴染めんかった。言葉をかけるのに二、三年かかったんやないかな。だから、自分たちは年老いた母を知らん。お前はそんな経験はなく、両親に育てられて幸せ者よ」

と同居生活を快く引き受けてくれた。「ああ、自分の過去を言わなくてよかった」と、胸をなでおろした瞬間でもあった。

主人の話は続いた。

「今までなにかと苦労させて頑張ってくれたお前に、老後は気楽な生活をしてもらいたいと思っとったけど、まぁ、お義母さんの世話をしていくのも幸せかもしれん。引き受けたからには、妹弟たちとは仲良くしてくれ」

主人の母が亡くなって再婚したことは耳にしていたが、その経験のない私は当時聞き流していた自分の軽薄さに落ち込み、我が身を責め、そして主人の心の広さに感謝し、涙が止まらなかった。主人も当時を思い出してか、初めて見せた涙とともに無言の時間が経過した。

その後、主人も落ちつき、元気だった頃の主人の生母の話を聞くことができた。

「母は独身時代は女学校の先生で、結婚後はお茶をたしなみ父に仕え、子供の教育にも熱心で静かで穏やかな母やったよ。昭和十六年には戦争が始まって激化の一途を辿り、父は通信関係の責任者やったけん、家にはほとんど帰らんかった。

それで昭和二十年六月十九日、福岡も激しい爆撃を受けて、飛行機が過ぎ去ったらあちこちの家が燃えて、我が家も燃えとった。みんな必死でリレー式で水をかけたり、屋根に登ったりして無我夢中で消火に務めとって、俺も手足に傷を受けたけどなんとか延焼を抑えることができたんよ。その時、母や姉妹から『さすがやね。有難う』と何回も言われて嬉しかったねー。

　それから当時は、食べる物も不足しとったけん、その日の食事にもこと欠く状態で、男は自分だけ。十四歳やったけど、なんとかせんとと男気を出して、田舎へ思い切って買い出しに出かけたんよ。そうしたら、主食なんてまったく売っとらんで、さつま芋とかカボチャ、トマトとかしかない。それでも買えるだけ買ってリュックを背負って、両手にも持てるだけ持って帰ったら、母は自分の顔を見るなり、暑かったろうとタオルで汗を拭いてくれてね。お礼を何回も言って涙しとった。あの母の顔は忘れられん。あの当時が唯一の親孝行やったかもしれんね」

　そう感慨深そうにしみじみと話してくれた。

母を迎える

　その後は私たちも落ち着き、主人に促されて弟たちに連絡すると、後日、母の荷物が届いた。タンスが二個あり、その他にも思ったよりはるかに量が多かったので、戸惑いながら整理したが、すぐに片付くものではなく、荷物の中での生活が続いた。すると後日、訪れた弟が、私たちの暮らしぶりを見るなり増築を提案してくれて、早速実施された。それで私たちもやっと落ち着き、その頃には子供たちも各々結婚や就職で家を離れていたため、三人の生活が始まっていた。

それから、数年経った頃だと思う。

母から、「今までずっと考えてきたことやけど、自分に才能があったら、貴女の人生を小説にしたかった」と再び話があった。またかと一瞬驚いたが、母の想いを察知し、すぐに伝えた。

私の過去を小説などにすると、家の恥さらしになること。そして、過去は過去、もう忘れて引きずらないようにしたいと話し合った。そのうち、「今は子供たちも成長して、主人も私も元気で家も新築したし、お母さんとの生活が一番短かった分、こうして暮らせるようになったのも、神様のおかげかもしれんねぇ」と笑顔になり話は続いた。そして、このことは二人の秘密やねと約束し、落ち着いた生活に戻った。

しばらくして私は、このことをふり返ると、単なる見栄で隠したかっただけのことではないかと思うようになった。それは、結婚当初から主人の父が大手企業の役職に就いていたと聞いていたこともある。威厳があり、昔は薩摩藩の家臣で牟礼ヶ城《むれがじょう》の守り人であったことなども親戚から耳にしていたので、とても近寄り難い存在であった。

主人の姉妹も相応の家庭に嫁ぎ、長姉は結婚後もお茶の講師を務め、描いた絵画はあちこちに出品され、東京の美術館の出品のためと外国にも出かけていた。我が家にはスペインで筆をとった絵を今も飾らせてもらっている。次姉は舞踊をたしなみ、妹は通訳の仕事をしていた。

そんな環境で、自分の過去を暴露するなんて恥そのものでしかない。そう思って母にもその旨を話したのだった。

母の懺悔

当時は私も看護師として現役で働いており、主人も定年退職後に希望通りの会社に転職し、順風満帆の日が続いた。休日には主人の誘いで食事に出かけたり、桜や菖蒲見物、菊花展などにも行って、花好きの母は大喜びだった。庭にも花を植え、草取りなどを楽しみ、昼間は一人での生活ではあったが、器用な母は編物やパッチワークをしたり、本を読んだりテレビを観たりと楽しんでいた。

それから、二年が過ぎた頃、再び、母から「やはり話しておきたいことがある。最後だから聞いてほしい」と言われた。またかと一瞬暗い気持ちになったが、母の真剣な眼差しから、これは別の話かもしれないと感じ、耳を傾けることにした。

「最後まで聞いて欲しい」と前置きして母は語り始めた。

「貴女は小さい時から、お父さんから理不尽な仕打ちを受け続けて、我慢に我慢して、怯えながらつらい生活に長く耐えてきたよね。祖父ちゃんも亡くなるまで、お父さんの態度を気にかけて心配しとったよ。叔母ちゃんも、陰ながらこれからの貴女の行く末をずっと気にして、ことあるごとに連絡してくれとった」

母のこの言葉に私は、過去のことは可能な限り忘れて、前向きに生活していた自分の軽薄さにあきれ、また、改めて祖父、叔母の心境を察すると悔やみきれない反省の涙が出た。

ちょっと早い母の日

そして母は話を続けた。

「貴女の家も、旦那が福岡に転勤になって子供たちも成長して、これから二人で楽しい老後の生活のはずやったのに、私も八十歳を過ぎて体が弱って、急にお世話になってそれも叶わんかった。貴女の子供たちにも、これまで大したこともしてやれんで、本当にすまないね」

母は涙していた。そして「お父さんは孫たちにも差別待遇やったもんねー」とも言っていた。その後、母は弟家族との同居生活の楽しかった思い出を懐かしみ、「三人の孫たちに囲まれた日々は忘れられんね」とも語った。そして、弟の家族、特に孫たちには可能な限りのことをしても、父も母も出費を惜しいと思ったことはなく、私と子供とは、やはり差があったことも。

「特に女の子は可愛くてピアノを買い与えたり、将来のこともなにかと気配りしてきたけどすべてダメになってしもうた。私も神様にはなれんかったよ」とまた涙を拭いていた。

そして、「自分たちのために増築までしてもらって、弟家族と生涯を過ごせると信じとったのに」と、また泣き崩れ、その姿に私の目からも涙が溢れた。そして少し気持ちが落ち着くと、このことを引きずったまま生活してもつらくなるばかりだから、過去は過去として忘れて、前向きに生活していこうと伝え、「これも二人の秘密やね」と笑顔で約束した。

妹も当時は現役で忙しい日々を送っていたが、時を見ては母に手作りの甘酒や味噌、菓子を届け、母もそれを心待ちにして、何より喜んでいた。

弟夫婦の状況も落ち着き、時折、母に逢いに来ては嬉しそうに語り合い、当時の写真を見ても母を中心に皆が笑顔で写っているのが、今も嬉しく懐かしい。

老いた母との暮らし

その後、母も九十歳に近くなり病院通いが増え、骨折や、胆石症、その後も肺炎を起こしたりで入院生活が続いた。しかし、入院するたびに、「帰りたい、帰りたい、連れて帰ってくれ」と私の手を握り、先生や看護師を困らせ、迷惑をかけてしまう。そのため、家での看護をまかされ退院させてもらっていた。後で毎回退院まで待てなかった理由を問うと、父が施設で他界したことが頭に残り、どうしても病院では死にたくなかったと明かしてくれた。

そのことを踏まえ、以降は訪問介護を利用し、元気な時はデイサービスへ参加させてもらうことにした。色々な催し物のたびに、笑顔の写真をたくさんいただき、感謝している。

孫が来て喜ぶ母

その後、私も七十五歳近くになり、腰への負担などから入浴介助もできなくなったため、訪問入浴をお願いした。母も最初こそベッドの横に風呂ができたことに驚き、緊張していたが、慣れてくると「今まで生きてきたから、こんな有難いお風呂に入れるんやねぇ」と喜んでいた。元気な時は、毎回入浴前に手を合わせ「有難う。罰が当たる」などと言いながら、幸せ幸せと入浴を待ちわびるようになった。

しかし、徐々に自分の体が思うように動かなくなってくると、当然ながらわがままも多くなり、これまでの穏やかな母が一変した。

食事介助をしていると、いきなり拒否して口に入れた物を吐きかけたり、介助方法が悪かったのか美味しくなかったのか問うと、返事もなく顔を横に向け口に残ったものを吐くこともあった。

ある日には、ついに私も理解できない行動に腹が立って頬をつねりたい気持ちになったが、手が出そうになると、それを察知してか顔を横に振る母の様子を見て、気持ちを落ち着かせることができた。お陰で何事もなく、間違いを犯さなかった自分に安堵したことも思い出される。今思うと、嚥下がうまくできなかったからではないかと切なくなった。

体が自由に動かせなくなったせいか笑顔も少なくなり、それが私も悲しく、翌日、訪問診療を受けた先生にその旨を話すと、「お母さんもなかなかしっかり者やからね」と言ってくださり、なぜか少しほっとした。

それからしばらくしてからだと思う。摘便などをすると、徐々に反抗的な態度も修まり穏やかになって、笑顔は少なくなったが、いつもの母に戻ってくれてほっとした。

その後は「有難う」「済まないね」と言うことが多くなり、それを聞くたびに可哀想になり、「わがまま言っていいよ」と、何回も何回も伝えたが、その数年後、穏やかな生涯を終えた。

今では父と二人で収まった写真などを飾り、二人とも熱いお茶が好きだったので、毎朝写真の前に供えて手を合わせている。

　生きている時は、私のことで父としっくりといかなかったことが母に申し訳なかったが、今では「私のこと、なぁーんも心配せんでいいよ。二人仲良くね」と話しかけるのが日課となり、色々なことを報告すると、なぜか安心する。

夫婦揃って

私のこと――あの日の問い

　昨年は正月を祝うことができなかったが、今年は恒例で、子供たち家族も元旦に一緒に来て泊まり、翌日は近くの三つの神社へお参りして、夕食後、またねとそれぞれの家に帰っていった。毎年毎年成長していく孫の姿も頼もしく、笑顔で手を振り見送れる幸せのひと時でもある。

　新しい年を迎え、私もやっと心身ともに落ちつき、新たな一年を子供たちとともに、無事な生活を祈りつつ日々を過ごしていた。

相次ぐ虐待のニュース

しかし、一方で私の心はどうしても昨年から報道されている子供への虐待、悲痛な出来事にゆさぶられ、今も忘れられずにいる。

それは、昨年三月に船戸結愛ちゃん（五歳）が「おねがいゆるして」とノートに書いて訴えながらも何とも耐え難い最期を迎えてしまったこと、そして今年の一月二十四日に栗原心愛ちゃん（十歳）が「助けてください、先生どうにかしてください」と学校のアンケートで助けを求めていたにもかかわらず、悲しい悲しい結末を迎えてしまったことである。

他にも色々と悲しい出来事がニュースや記事として報じられているが、結愛ちゃん、心愛ちゃんのことが脳裏に残り続け、思い出しては胸が詰まり、涙がこみ上げてくる。まるで自分の分身のような気がしてならない。決して他人事とは思えない。それは私が父からの虐待を受け続けていた、五～十歳という時期と重なっていたからである。

母がもし生きていたなら、どんな思いで私に声をかけただろうか、そんな考えが頭をよぎった。母との約束、虐待の件は秘密にしてとお願いしていた言葉。今までそれは絶対であるという覚悟で生活してきたが、ここにきて果たしてこのまま生涯を終えてよいものなのかと、再び迷いが生じてきた。また、それに加えて、このところのニュースで虐待の防止法などが報道され、やっと被害者を守る体制が具体化されてきたことを有難いと思ったことも迷う理由のひとつとなっていた。

決意の時

虐待に関するニュースに触れるたびに思いを巡らせ、ついに決断する時が来たのかもしれないと心が揺らいだ。

何度となく耳にした「貴女の過去を小説にしてあげたいけど、もう書くことはできない」という母の言葉。その願いを叶えることに意義があるのではないか。先は見えないが、文章として残すべきではないか。正直に言って虐待という過去を背負って生きてきた八十歳を超えた私にとって、その取り組みは至難の業としか思えなかった。

しかし、世の中には、虐待を受けた事実を伏せ、静かに生活をしている方々も、きっとどこかにいるはずだと思う。ただ、公にすることで子供たちや親族がどんな目で見られるだろうかと、表に出すことを思いとどまっている方々もいるのではないか。そう思うと、私は悲しい気持ちになった。

私の過去を知る人も妹一人になった。

しかし、私は今こそ子供たち、多くの親族にも知ってもらいたい。そして、社会に出てから、私に関わってくださった多くの方々について出逢いからの一部始終を書かせていただきたい。その中で助けられ、生かされ、生きてきたこと、人生で嬉しかったこと、悲しかったこと、つらかったこと、声に出せず陰で泣きながら生活してきたこと。それらを感謝をこめて、八十年の思いを著すためにもペンを握ることにした。
私の過去をひと握りの方でも理解していただき、いずれかでも参考になれば幸いである。

父のこと

両親は昭和十二（一九三七）年に結婚し、翌年、召集令状がきて父は戦争へ向かった。明けて十四年、一月に私は母の実家で誕生した。名前は父が出征前に男・女それぞれの名前を決めていたので女の子の名前を付けてくれた。

当時は母の両親も元気で、祖母は父が出征中に生まれた私を不憫に思ってか、可哀想にと何度も口にしながらも涙ながらに喜んでくれたとか。母の弟も当時は学生で同居していて、それは大喜びして何回も抱き上げてくれたと聞いた。

しかし、叔父は間もなく海軍兵学校に入学、出発時に母が元気で頑張ってと手を握ると、「義兄さんも戦地で頑張っている、姉さんこそしっかり子供を育ててね」と握り返したそうだ。当時は再会を誓う言葉など言いたくとも言えず、互いに目を見据え涙ながらに見送り、何回も手を振り、「頑張るとよ」としか伝えられなかったつらさは忘れられないと言った母を思い出す。

父の復員

それから二年後に父が無事に復員し、祖父、叔母、母、皆が歓喜し、涙々で抱き合い大喜びしたそうだ。しかし、その後、父が祖母がいないことに気づくと状況は一変した。

祖父が事情を話すと、それまでの笑顔から一転、涙に暮れ、仏前からしばらく離れることはなかった。祖母の享年は四十九歳であった。一歳半だった私には、もちろん記憶になどないが、父の沈黙状態は続き、家族は暗い日々を過ごしていたそうだ。

それから徐々に落ち着いてはきたものの、父に笑顔はほとんど見られず、私にも興味を示さず、ほぼ無視で抱き上げることもなく、さすが祖父も叔母も母も困惑したそうだ。なぜ、どうして……。

両親の結婚式

その後も父には親としての態度が見られず、不安な毎日だったものの無理をせず、家族は見守りながら生活する方針を続けていたそうだ。そんな状況だったので、祖父は母を心配して「昔から千の蔵より子は宝と言われる。しばらく待とう」と声をかけていたそうだ。

崩壊寸前の家族

ところが、翌年に妹が誕生するや、今までの父とは別人ではないかと思うほど態度に変化があった。皆、父の不思議な行動に戸惑い、驚いて言葉を発することもできずただただ傍観していたが、妹と私との対応の差に驚きと困惑は深まるばかりであったそうだ。

母に抱かれて

私が父が妹を抱いて回る姿を見て、父の足にすがり抱っこをねだる仕草をすると、足で蹴り、転んでも見て見ぬふりをする姿に祖父も驚き、父に注意したが、無言で立ち去ったということだった。

その頃から、私への仕打ちも徐々に耐え難いものになってきたようだ。見かねた叔母も強く意見したが父からの返答はなく、母に目を向け顎を上げ、まかせるというような仕草をして、母もたまらず意見すると当たり散らすという不穏な日々が続いた。さすがに祖父や叔母に手を出すことはなかったものの、家族の生活は崩壊寸前だった。

当時、私は三、四歳くらいだったと思うが記憶に乏しく、ただ家族の会話が少なく、私も父の表情を見て寄りつくことはなくなり、何となく怖い存在のような気がして、祖父や叔母、母のいるところにばかりいる生活が続いていたと思う。

その後、昭和十八年に弟が誕生。妹ほどの愛情は見られなかったそうだが、親子関係は私への仕打ちに比べると注意するほどのことはなかったようだ。

国旗を振りながら

その頃、戦争も激化の一途を辿り、昭和十八年、父にも再び召集令状が届き、ただちに出征となった。父は「今回は戦闘の激しい外地への出征だから帰ってくることは難しいだろう。子供を頼む」と言い残し家を出たそうだ。

祖父と叔母は、近所の方々とともに駅まで行き、国旗を振りながら最後になるかもしれない別れを惜しんだが、父はデッキで敬礼して、戦地に向かったと聞いた記憶がある。母は三人の子供の世話があったので、自宅から四人で汽車に向かって一生懸命旗を振ったそうだ。

父は戦地に行ったが、我が家は今までの不安な生活から穏やかになり、私も元気を取り戻し、明るい生活に戻った。

母が縫ってくれた着物で七五三のお祝い

白髪の女性

しかし、我が家では間もなく驚くような出来事があった。私は五歳くらいになっていたと思う。その日は天気が良く、秋の気配を感じる涼しい日で、庭に花が咲いていた。母と私は持ち運び用の縁台に腰をおろして、母は果物か何かの皮をむいて、私はその横でおしゃべりをしていた。

すると腰の曲がった白髪の女性が小さな風呂敷包みのようなものを抱え、よろけるような足取りで近づいてきたかと思うと、家の入り口の横にある蔵の壁に寄りかかり、そのまま動けなくなったようだった。私たちは予想もしなかったその状況に息を呑み、声も出せずにただ見入っていた。

あまりに突然なことで記憶が定かではないが、私は母の肩を強く叩いたと思う。すると母もびっくりして駆け寄り、その女性を抱きかかえると母屋で休ませた。私は少し胸をなでおろした。

しばらくして、お茶を飲みながら母と話をしている姿を見て、またほっとしたように思う。話の内容は幼い私にはわからなかったが、その女性が母を「はっちゃん」と呼んでいたこと、そして「ここで死なせて」と悲痛な声をはっきり聞いたことは忘れられない。話の断片から、どうやらその女性は本家の曾祖母なのだろうということはなんとなくわかった。

祖父が帰ってきて少し安心した。母はすぐに祖父へ近づくと何やら話をしていた。祖父は何度か頷いていたような気がする。それから母は曾祖母が持参した包みを開いて着替えさせようとしたが、なぜか驚いた様子で包みを閉じると、自分の着物を持ってきた。その行動が何とも不思議で、疑問に思った記憶がある。その後、すぐに夕食の準備をしていたと思う。

その日から祖父と曾祖母がお座敷で暮らす生活が始まった。

母は毎日、曾祖母の食事を別に作って一人用の箱膳にのせて運んでいた。私はその残りのお粥が好きで、手づくりの佃煮などをのせて喜んで食べていた。

しかし、年が明けると曾祖母は徐々に床につく時間が長くなり、山桜が咲き始める頃には容態が悪くなっていたのか往診の回数も増え、今日もまたという日が続いた。

その後、雨が続いていたので梅雨に入っていたかもしれない。往診の回数もさらに多くなり、一日に数回の診察があったことも憶えている。先生の表情も暗く祖父も母も心配そうな顔であった。

祖父に背負われた曾祖母

ある日、先生と祖父と母が何やら話し合っていた。それから数日後、祖父が曾祖母を背負って母とともに出かけようとしている様子を見かけたが、私は胸がドキドキして声を出すことすらできず、ただ悲しくなり涙で見送るしかできなかった。今でもこの出来事は忘れられない。

その直後に時間を合わせたように勤めから帰ってきた叔母は私の顔を見るなり、泣きながら抱きついた。叔母に言葉はなかったと思う。

その数日後、再び家の中が慌ただしくなり、何やら色々と準備していたようだが、誰に何を訊いても答えてくれなかった。気がつくと、祖父はすでにいなくなっていて、母も後を追うように出かけて行った。叔母はなぜか私を誘って家の下を流れる川のほとりに連れて行き、メダカやビナを獲ったような気がする。

それから数日経って祖父から曾祖母が亡くなったことを伝えられ、母に確認したが、「あとで話すね」と言われたきりその話は続かなかった。母は「来年は入学よ、嬉しいねー、洋服やらカバンも作らんといかんけんね」と話をそらしていたように思う。

その後は私も色々と入学用品を用意してくれる祖父と母の笑顔で曾祖母のことはすっかり忘れ、そのままになった。

学びのとき

国民学校時代

忘れられない入学式

私は昭和二十（一九四五）年四月、戦争の真只中に、国民学校へ入学した。

入学用品などの物資が手に入らない時代だったが、祖父が初孫の入学を喜び、知り合いの大工に頼んで木製のランドセルができ上がり、母は自分の刺しゅう入りの帯を解いてそれに張り合わせてくれた。服も自分の着物を解き、器用な母は可愛い服を作り上げ、私はその上下を着てランドセルを背負い、母とともに入学式へ出かけた。もう、嬉しくて嬉しくて、人生の中でも最上級の喜びに有頂天になった。生涯忘れられない思い出である。

また、母は毎日鉛筆を研いで、折れないように真綿で一本一本丁寧に包んで筆箱に入れ、持たせてくれていた。

戦争と国民学校

しかし、現実は戦争が激しさを増し、学校へ行っても空襲警報のサイレンがうなるように鳴り出すと、防空頭巾をかぶって裏山の防空壕に入り怯えていた。

　空を次々と整列しながら飛ぶ敵機のシルバー色が太陽に照らされ、キラキラと不気味に輝き轟音が鳴り渡り、空を通り越して裏山を過ぎたかと思うと、爆弾が落とされたのかドドーン、バリバリと張り裂けるような音が響いてきた。後に爆撃を受けた場所は、大刀洗飛行場であると先生から説明を受けて知ることができた。

　幸い私たちの村は片田舎で爆撃を受けることはなかったが、家にいる時などは爆撃のたびに窓ガラスがガタガタと揺れて割れるのではないかと怯え、夜は電燈も笠ごと黒い布で覆い、薄暗い生活であった。毎日、学校へ行っても帰っても不安な生活が続いたが、皆で声をかけ合い、助け合って生きていた。

　朝礼では校長先生が玄関横の二宮金次郎の銅像、薪を背負い手には本を持ちながら勉強をしている姿に一礼して難しい言葉をみんなに伝えていた。その時は理解できなかったが数年後、教育勅語の言葉であったと知った。

　当時は「欲しがりません、勝つまでは」、「我慢の子になれ」といった標語が浸透し、また、「先生に対しては信頼と服従」と母からもことあるごとに聞かされていた。廊下にも何やら難しい文字が貼られていた。これもしばらく経って愛国、忍耐などと書いてあったと教えてもらった。また、「神の国日本、神風が吹いて日本は勝つ」といった言葉もよく聞かれ、軍国主義的な色合いが強く見られた。

物資も不足して教科書も足りず、上級生から借りたり、古紙に印刷してもらって勉強をしていた。靴もなく、家で作ってもらったわらじや草履、下駄などで登校していた。雨の日は裸足で通学していた人もいたような気がする。

食料も不足していたため、運動場も半分くらいは畑にしてカボチャやさつま芋などを作っており、上級生は勤労奉仕といって鍬を家から持ってきて、運動場の畑で仕事をしていた。

母たちは婦人会で竹槍を作って、アメリカ兵が来たら戦わなければならないと絣のモンペ姿に白いエプロン、鉢巻き姿で訓練に出かけていた。

ある日、私は「アメリカの人が飛行機に乗って爆弾を落としてくるのに、いつ使うとね」と訊いたような気がする。すると母は今まで見たことがない真剣な顔で、子供はそんなことを訊くもんじゃないと叱責された。いつも理解できないことばかりだったが、私は悪いことを言ったんだと、戦争のことは一切言ってはいけないのだと思った気がする。

敗戦後の日本

しばらくして戦争に負けたことを知らされた。大人たちが日本は軍国主義から民主主義に変わるらしいと言っているのを毎日のように聞いていたが、理解できず不安は続いた。

学校では先生たちも色々と耳にしていたのか、職員室への出入りも多くなって、生徒も含め右往左往して戸惑い、言葉だけが先走りしていたような気がする。

その頃、軍服姿の先生（元日本兵と聞いた）が入ってこられて上級生を受け持っていた。普通の先生と違って怖くて厳しい先生で、一人でも反発する生徒がいると、そのクラス全員が殴られ、泣いている生徒を見かけて可哀想だと思ったことがある。みんな怖くて近寄れなかった。

当時は汚れても風呂にも入れない子供たちがまだまだいて、髪が伸びたままの子もいた。ある日にはシラミ駆除だといって、おそらくＤＤＴであろう白い粉を頭に噴霧され、白くなった頭にタオルのような布をかぶって帰った思い出がある。

また、弁当を持ってくることができない子もいて、ある日、昼食の時間になり男子が弁当がないと騒ぎ出し泣いていた。先生の指示で、みんなで手わけして探したが見つからず、途方にくれていると、「あった、あったよ」と男の子から連絡があった。

それは、当時汲み取り式のトイレの中に置いてあった。開けてみると空箱になっていて、みんなアッと息を呑み、顔を見合わせた。

その頃のトイレは、うじ虫などが排泄物の上にわき、異様な臭いがあり用を足すだけでも呼吸が苦しくなるほどだったため、そこで食事をするなんて想像もできず、震える思いがした。そんな場所で弁当を食べた子はきっと朝から何も食べてこなかったのだろうと思うと、悲しくなった。その後、弁当を食べられた子に、先生や私たちも少しずつ分けて食べた。

その後も何度か同じようなことが続き、そのうち食べた子はわかったが、責める子は誰一人いなかった。当時はクラスのみんなも現実がわかっていたのか、思いやりのある子供たちばかりで、喧嘩などもほとんど見られなかった。

しばらく経つとその友達が転校したとか、病気で休養のため休学したとの噂が流れ、複雑な気持ちで過ごした日々は忘れられない。

祖父の語り、軍歌

当時、弁当の一件を祖父に話したような気がする。すると祖父は、そうねと言ったあと、思い出したように戦争に行った時の様子と軍歌なども詳しく解説付きで教えてくれた。

「戦地では毎日毎日、暗くなるまで鉄砲を持って、くたくたになるまで戦っとった。やけど、食べる物が足らんで空腹を我慢せないかん生活が続いてね。靴も服もボロボロ、足を引きずるようにして頑張っとった。

それで、ある日の夜、同僚がとうとう空腹に耐えきれんで、炊事場に忍びこんでダンゴ汁を食べとったら、古い兵隊に発見されたらしくて、それはそれは大変なことになったとよ。

翌日の朝、あいつはたくさんの軍人が整列した中を汁椀を持たされて『ダンゴ汁を盗んで食べました』と何回も何十回も叫んで、泣きながら列の中を巡らされとった。声が小さいとも言われとってね。それが終わると古い兵隊は頬を叩いて、あいつは倒れてしばらく起き上がれんかった。

それからやっと起き上がったらまた叩かれて。あん時はもうたまらんで、胸も心も苦しくなって、自分も倒れそうやった。あんなに悲しくて切ないと思ったことはなかったばい。

あの頃は我慢できん人とか体が弱くて隊列について行けん人たちは倒れたり、叩かれたりして死んでいくしかなかったけんねー。とにかく米とかももちろんなくて、そのあたりにあるもんを煮込んだり、生で食べたりしとったけど、腹に食べ物が入った感覚もなかったけん、いつも腹の中は空っぽのようやった」

祖父の顔を見て、しっかり聞いた記憶がある。どうやら、私はその時、「じゃあ、お米は兵隊さんに送って、私たちは麦ご飯でいいよ」と言って泣いたらしい。まったく憶えていないが、「そのことを祖父ちゃんが言っとったよ。可愛いことを言うともね」と私が国民学校を卒業する頃、母から耳にした。

その時に祖父から教えてもらった軍歌は詞も曲も途中まではあるが、今でも記憶している。

「ここは御国を何百里、はなれて遠き……赤い夕日に照らされて、友は野末の石のした（これは行軍中に遅れて倒れ、そのまま果てて亡くなった人のこと）」

「戦い済んで日が暮れて……」というその次の歌詞は故郷を想い、父母を想ったもののような気がして、祖父も私も涙で歌えなくなった時もあった。だから曲は憶えているが詞を憶えることはできないままである。

もう一つの歌も記憶にある。

「勝ってくるぞと勇ましく、ちかって故郷《くに》を出たからは、手柄たてずに死なれよか、進軍ラッパ聞くたびに……」

この歌も次は故郷恋しと懐かしがる詞が続くため、やはり涙が落ちて結局は憶えられずじまいだった。祖父から教えてもらった歌は忘れられず、今も時々口ずさむ。

再びの父の帰還

その後、少しずつ戦後の社会状勢も落ち着き、生活状態も徐々に改善して弁当もなくなることはなかった。

家族の皆も元気を取り戻し、私が八歳、妹が五歳、弟が三歳の時に父が無事に帰還した。後に父が、甲種合格で三回の召集令状を受けて戦争に行ったのは名誉なことだと、聞いた記憶がある。

しかし、あとで母から聞いた話であるが、父が帰ってきたのは嬉しかったが、私に対する態度のほうが気になり、祖父も叔母もどうなるかと不安がつきまとう生活であったそうだ。

皆が気を遣って父を怒らせないよう対応していたが、一カ月も経たないうちに私への虐待が始まり、懸念していたことが再び現実となった。私もこの頃からの父から受けた仕打ちは、はっきりと憶えている。

父が帰って一年経った頃だったと思う。まず忘れられない出来事があった。

久しぶりにすき焼き鍋を一家で囲んでいた時のこと、「美味しいよ、早く皆で食べなさい」と母にすすめられ、父はすぐに妹のご飯の上に肉をのせていた。弟にはそうしていた記憶はない。

母は私にも早くといった仕草をしたので、ゆっくりと箸を鍋の中に入れたが、ふと父の表情が気になり顔を見た途端、箸がふるえて思わず手を引いてしまった。その後、母は私の器に肉と野菜をのせてくれたが、すでに食べる気持ちにはなれなかった。今も好んで食べたいと思う食品ではない。また、ある日、魚料理がお膳に出た。妹は魚嫌いだったので父は、前もってカマボコやチクワを買って、妹だけに与えていた。当時、練り製品は高価でなかなか口に入らなかったため、妹が美味しそうに食べている姿は羨ましかった。父が急にその場で与えたこともあり、祖父も母も争いごとになることがわかっていたせいか、黙認していた。

その後もある日の夕方には、トイレに行こうとすると父が待ち伏せをしており、拳をふりかざして「これがいるか」と意味不明なことを言われ、怖くて首を振ると手をおろしたり、時には行きずりに拳で小突かれたりもした。

私は母や祖父、叔母が心配するのではと、我慢できる程度の行動は黙っていたような気がする。しかし、その後、祖父と母が気づいてからは、トイレに行く時は教えてくれと言われて、用を足すまで待ってくれていた。

怯えた心

その頃の私は、九時頃に眠りにつくと、たぶん眠って一時間くらいしてだったと思う、急に目が覚め、怯えて逃げようとすることがあった。そんな時、母はしっかり私を抱きしめて大丈夫、大丈夫と何回も何回も伝え、祖父も起きて見守ってくれていた。この体験は数回あったので、しっかり憶えている。

虐待により亡くなった心愛ちゃんが、夜中に立たされていたと母親が言っていたというニュースが流れていたが、その経験がある私は、ちょっと違うのではと一人思った。それは一旦眠りについたものの、昼間の恐怖から目が覚めて起き上がった時、父親が怒って立たせたままにしたのではないか、ということだ。私の場合は幸運にも、母が抱きしめてくれたこと、祖父が見守ってくれていたことで、心身ともに落ちつくことができた。

しかし、心愛ちゃんは恐怖で目覚め起き上がった時、そのような助けはなく、怯えたまま立たされたのではないかと思わずにいられなかった。私の心も怯えた。そして、そのニュースを見て、誰も助けてくれる人もいない中、立っていた心愛ちゃんの心情を察すると私も胸が苦しくなり、悲しい気持ちに押し潰されそうになった。

私もほぼ同年齢の時に虐待を受けていたこともあり、思い出しては涙に暮れ、しばらく不眠も続いた。祖父と母がいなかったら、もしかすると私はこの世にいなかったかもしれないとも思った。

待ち遠しい朝

当時、私も不安を抱えながらの生活であったが、とにかく朝が待ち遠しくて母がびっくりするほど早起きし、学校に行ける喜びでいつも登校は一番か二番目くらいだった。

ゲーテが『ヴィルヘルム・マイスターの修業時代』で記した言葉をふと思い出した。


悲しみのなかにそのパンを食したることなき人は、真夜中を泣きつつ過ごし、早く朝になれと待ちわびたることなき人は、ああ汝天界の神々よ、この人はいまだ汝を知らざるなり。


私もきっと朝を待ちわびて早起きして喜び学校へ行ったのだろう。別に愛読者でも何でもないが、なぜか言葉は記憶している。

先生に褒められることが嬉しくて、手伝いを頼まれるのも嬉しかった。だから、妹弟と一緒に学校へ行った記憶はない。今から考えると、あの先生の優しい笑顔は、母が父からの仕打ちを伝え、お願いしていたことではなかっただろうか。

剥がされた爪

正確な月日は憶えていないが、梅雨の時期だったような気がする。

その日は雨で、室内で男子が走り回っていた。当時の教室は入口がガラスの引き戸で、私はその角の柱の前に立ち、右手を置いていたらしい。そこへ急に男の子が小走りで来るや、引き戸を勢いよく締めた、その時のことである。私の手の指が挟まれ、痛いと叫んだと思う。ガラス戸ははね返って開いていた。あっという間の出来事だった。

手を見ると爪の周囲は血が滲み、少量だったが指の間から血が落ちた。右手を左手で支え泣いていると、誰かが伝えたらしく、先生がビックリした顔で駆けつけ、すぐ包帯を巻いて右手を吊り上げ、紐を首にかけてくれたので、その状態で家に帰った。

帰って母の顔を見るなり、我慢が限界を超え泣き伏してしまった。すぐに病院に行こうと母が準備をしていると、父が近寄ってきて包帯を解き、「この爪はもう死んでいる」と言って踵を返すと、すぐにペンチを持って戻ってきた。何をするかと怯えていると、母が何かを言う間もなく薬指の爪を剥ぎとられてしまったらしい。らしいというのは、私は震えと痛さで気を失ってしまったと後から母から聞いたからだ。

どのくらいの時間が経ったのかわからないが、目を覚ました時は母に抱かれていて、指を押さえてもらっていた。その後の父の行動は全く憶えていない。

剝がされた爪痕から血は止まらず、病院へ行き処置を受けた。その時、医師から告げられた言葉は、「この指は根こそぎ剝ぎとられているので、新しい爪が生えてくることはない。一本で済んだのがせめても不幸中の幸いだった」というものだった。医師は「残りはこのままの処置で生え変わってくるので大丈夫。しかしこんな酷い仕打ちは初めて見た。よく我慢できたね」とも言ったそうだが、その時の記憶は私にはなく、これも後で母から聞いた話だ。

医師から言われた通り、今でも右薬指の爪があった部分は皮膚がそのまま指先まで行き、先端だけ少し固めで変形して、爪と言えるものではないが少し生えている。今でも右手を出すのに気が引けて、左手で右手を覆いながら生活している。

母もそのことがあって、祖父と叔母にこれから父と生活することはもう限界であることを伝え、命の危険も感じてとりあえず別居の生活を希望した。祖父も叔母も同意し、残された二人の妹弟は何とか育てるからと承知してくれたそうである。

父や二人の子供たちにわからないように準備を進めていたが、妹は母の動きを察知してか、母から離れようとせず不安な顔をして、ついに泣き出す日が続いた。その様子を見るにつけ、どうしてもふり切って出て行くことができず、ついに諦めて元の生活に戻ったそうだ。

その後は、これからも三人で私を守っていこうと話し合い、とにかく私を一人にしないことを約束したとのことだった。また、父には爪剝ぎの一件について、「医師から、今まで見たこともない酷い仕打ちで、これから気を付けて生活するようにと言われた」と告げたが、黙ったままで、反省の言葉はなかったそうだ。

さすがにその後は目立った行動は見られず、私は三人に守られて普通の生活をしていたと思う。

末弟の誕生と叔母の結婚

その後、昭和二十二年、弟が誕生した。

世話好きな私は食事を与えたり、着せ替えさせたり、オムツを交換したり、遊びに行く時は背負って出かけていた。母は弟を背負ったまま皆に追いつこうと走る私の姿に涙が出たこともあったと話していた。小さい時から、世話好きな子供やねとも思っていたそうだ。

また、その頃、叔母が嫁ぐ日が決まっていたらしいが私には知らされることなく、はっきりと知ったのは結婚式の当日だった。

私は、叔母の花嫁姿になっていく着物にすがりつき、泣いて泣いて、知らせてくれなかった母と叔母を責め続けて、困惑させたらしい。今から思うと、父と私のこともあり伝えたくても伝えられなかった叔母と母の気持ちを思うと切なく、あの日の叔母の悲しそうな顔を忘れることはできない。

赤いほおずき

やがて私も高学年になり、学校から帰ると祖父と母に交代で見守られ、田畑の手伝いに鍬を持ち出かけるのが楽しみであった。

妹も時々、母に連れられできそうな仕事を教わっていたが、仕事そのものに興味を示さず、いつも好きな赤い服を着て座ったままだった。見かねた祖父が、「この子は田んぼの大きなほおずきやね、仕事を手伝うのが苦手なんやろ。もう家に返したら」と母に伝えると、大喜びで走って家に帰っていた。しばらく祖父が妹のことを赤いほおずきと呼んでいたことは懐かしい。

そのかわり、妹は勉強が大好きで何時間も続けていた。だから学校の成績は、いつもトップクラスであった。一方の私は、妹の成績には敵わず、係も美化係や体育係などを担当していたが、花好きの母は、私にたくさんの花を持たせてくれて、先生が毎回大喜びで、いつも有難うと言ってくださる笑顔が何より嬉しかった。

戦後の明るい兆し

この前後から、国民は戦後の荒れ果てた日本を立ち直らせようと、更に必死になりながら、少しずつ明るさを見い出していったのではないかと思う。

それには、美空ひばりという天才歌手が現れたことも一役買っていた。私より二歳年上の少女であった。ラジオで流れてくる、今まで聴いたことのない歌声にびっくりした思い出がある。あっという間に一躍有名になって、大人も子供たちも歌っていたと思う。

戦後に流行した歌はいくつかあったが、その中で忘れられない歌がある。それはたしか宮城まり子の「ガード下の靴みがき」という歌であった。定かではないが、夜遅くまで靴みがきをしてお金をもらう少年の歌であった。

今でも記憶している。「紅い夕日がガードを染めて、ビルの向うに沈んだら、街にゃネオンの花が咲く。おいら貧しい靴みがき、アーアーアー夜になっても帰れない」。間をおいて会話らしきセリフがあったと思う。私はその歌を聞くたび、歌うたび、「頑張れ、頑張ろう」と心でエールを送っていた。終わるとなぜか涙が出てきた。当時の自分への励ましの言葉が重なっていたかもしれない……。

その頃に流れた歌は人々にとって、心安らげるひとときだっただろう。

それと前後して長谷川町子の『サザエさん』という漫画の連載が始まると、これも反響を呼び、私も楽しみに目を通していた。マスオさんとサザエさんのやりとりで、マスオさんの行動が笑いを誘った。

また、この頃から、男女同権などという言葉を耳にするようになったが、言葉だけが先走りしていたように思う。

数年遅れて、「君の名は」というラジオ放送が夜二十時頃に始まるや、これもあっと言う間に全国的な人気となった。そして、都会ではその時間になると風呂屋が空になるらしいという噂が、小さな我が村まで聞かれるようになった。当時、我が家は五右衛門風呂で、薪を割り風呂を沸かすのは祖父の役目であった。

こうして戦後数年経ってから歌や連載漫画、ラジオ放送といった娯楽も復興し始め、人々は動乱の中にも、ほっとした唯一の癒しを得ていた。将来を見据えた生き甲斐にも繋がったのではと思い、当時をふり返ると胸が一杯になった。

お寺さん

その頃の祖父は時代の潮流に関係なく住職さんと親しい間柄で、お寺の役職などを務め、私が休みの時は祖父に誘われ足繁くお寺に出かけていた。

祖父は兄弟と仲が良く、分家した弟がたびたび我が家に訪れて縁側で話をしたり、「兄やん」と呼んで芝居小屋やお寺に行く約束をしていた。そんな時は私も必ずお供をさせてもらった。

お寺に行くと住職さんは、私の顔を見るなり「挨拶が良くできて、えらいね。祖父ちゃんのしつけやろうね。お利口やね」といつも誉めてくださり、お菓子などももらって、講話やことわざなどを聞かせていただいていた。その時の「気は心、人には心配り」、「楽あれば苦あり」、「明日は我が身か」という言葉は、はっきりとは憶えていないが、何となく今も心に残っている。

小学校の卒業式（前から４列目、左から４番目）

そのせいもあってか、私は人に会うたびに笑顔で挨拶していたらしく、近所の方から「貴女の娘は挨拶のし過ぎじゃないね」と言われたと母は笑いながら話してくれた。私もつい笑ったが、その後の会話は続かなかった。

母に守られた六年間

いよいよ卒業も間近に迫った頃、母から「もう少しで卒業やねぇ。嬉しい。頑張ってくれたねー」と笑顔で言われた。しかし、その時は突然の言葉に「どうして？」という思いが勝ち、小学校を卒業する程度のことに対する意外な母の言葉に喜ぶというより戸惑った記憶がある。頷いた記憶もない。しかし、七十年ほど経った今、当時をふり返ってみると、母にとっては毎日私を命がけで守った六年間だったのではなかったかと思えるようになった。

それは当時の虐待が母にまで及んでいたのかもしれないということである。母は、私が父から虐待を受けそうになると両手で抱きしめてかばってくれた。あくまでも想像ではあるが、その時、父は母の背中か腰を蹴っていたのではないか。母の体が前にギクリ、ギクリと揺れる衝撃を何回か感じていたからである。叔母が「むごすぎる仕打ちがあったもんね」と言っていたことも思い出した。

小さかった私が憶えていないこともあるのではと思ったが、しかし喜ぶ母に聞き返すことはしなかった。これ以上、つらい思いはしたくなかった。

変わる校内

学校では軍国主義的な教育から民主主義的な教育へと改革され、周囲が日ごとに移り変わり、驚くことが多かった。

まず、校長先生の朝礼がわかりやすい優しい言葉になり、少しずつ理解できるようになったこと。

そして、廊下に貼られた難しい漢字も取り除かれて、ひらがなで読めるようになった気がする。

一方、先生方は深刻な表情で職員室へ出入りすることも多くなり、近寄り難くなっていた。母に相談すると、「先生も戦争に負けたから今までとは違う教育になり大ごとになっとるとよ。でも先生はあなたたちのことを一番に考えていると思うから、しっかり先生の言うことを聞いて生活すれば間違いないから」と言われた。

ここでまた、卒業を喜んだ母の一言を思い出す。家では父の顔色、仕草を見ながらビクビク不安な毎日。学校では戦後の混乱した教育への戸惑いがあり、これまた不安な生活。母はその狭間にいる私の苦境を察して、私を見守るのに心安らぐ時もなく、何とか無事に卒業を迎えられたことに喜び、ほっとしたのだろう。その心境を思うと、あの言葉は私への最高のねぎらいではなかったかと、頭が一杯になった。

するとと自分の考えの軽薄さに気づき、その当時の大きなズレを今になって感じ、多くを語らない母がいとおしくなり急に涙がこみ上げ、もう一度生き返って欲しい、もう一度でいいからお詫びがしたいと何度も思わずにはいられなかった。

私のこの六年間は戦中から戦後の激動の時代で、良くも悪くも過度期の社会を生きてきた。運動場も上級生が作っていた野菜畑も整地されて運動会が行われるようになり、学生らしい生活も徐々に行われるようになった。

入学時は国民学校であったが、卒業時は村立静修小学校となった。

中学校時代

中学生活が始まる

そして、やがて私も待望の中学生となり、ちょっと離れた校舎に移ったのが嬉しくて、張り切って勉強に運動にと遅くまで毎日頑張り、成績も伸びて楽しい毎日が続いた。

その頃から祖父も母も私の様子を見て安心したのか、もう田畑の仕事はしなくて良いから勉強と運動を頑張って欲しいと言われて、やる気満々、とても楽しい日々だった。

私は特に運動が得意で短距離、走り高跳び、走り幅跳び、バレーなど何をしても楽しかった。中でも走り高跳びは優勝してメダルをもらったこともある。とにかく、この時期は何をしても楽しくて、全てにやり甲斐がある毎日であった。食欲も旺盛で、何を食べても美味しかった。

食べ物への感謝

ある日の夕食後、祖父から食べ物についての話があった。

「毎日、お母さんが作ってくれた料理を美味しく食べとるのはとても嬉しいことやけど、感謝して食べとるかな」。そう問う祖父へ私たちは返事に困った。すると祖父は言葉を続けた。

「お米一粒でも、お百姓さんが太陽に照らされて汗を流しながら、一生懸命働いてでき上がったお米なんよ。人間が口にするものは、何でも生きとるものをいただいとる。野菜も生きとって、株を切られて、根っこも鍬で掘り起こされる。肉も魚も切られ、料理して食べとるものは全部生きとるもの。いただく時は有難く、感謝をして、食べ終わったらまた感謝、お礼を忘れてはいかんよ」

静かな口調でこう話す祖父の言うことに納得した。

そういえば、祖父は食事をする前には必ず、箸を

当時の写真（右から叔母、３人の子供、祖父）

両手の親指と人差し指の間に入れて持ち、頭を下げ、「いただきます」と言って主食、副菜、漬物などを残さず食べ、醤油をかけて残ったたれまで飲み干していた。そしてお茶碗いっぱいにお茶を入れ飲み干し、いずれも洗ったような器になっていた。食事が終わるとまた手を合わせ、何回も何回も頭を下げていた。

それから私も祖父を見習い、残さず食べるように努めた。残りのかけ醤油は飲めなかったが。

闇をさまよう

そして、私もやがて中学も二年生になって、勉強に運動にと今まで以上に頑張り、先生からの様々な心配りも感じ、それがまた嬉しく、楽しい生活を過ごしていた。

するとある日、陸上担当の先生から、「特に走り高跳びは成績が良いので、大きな大会に出て欲しいと思っている。そのためには、遠くなるけれど合宿に行く必要があるが大丈夫かな」と言われて嬉しくなり、帰ってすぐに母に話したところ、様子を見て父に話してみようと返って来た。やっぱりダメなのかなと、不安が頭をかすめた。

その後、母から父に告げてもらったところ、父は即、全面拒否。それどころか進学のための授業も運動も即刻中止命令が出た。卒業したら出ていってもらうからとも言われた。再度、先生からお願いしていただいたが、父が考えを変えることはなかった。

その頑なな態度は誰にもなす術がなく、最後は母も屈して私に「すまない、ごめんね」と何回も謝り、学校の先生方も惜しいと、肩を落とされた。他の先生方からも気を遣って色々と声をかけていただいた。

担当の先生からは、「貴女のお父さんは日頃どんなお父さんね」と問われたが、返事ができずに涙がとめどなく流れた。先生も何となく察してか、それから私に問うことはなかった。

勉強も運動もできなくなった私は、頭が真っ白というより、闇をさまよい歩いている感覚で、自分は生きているのかすらわからない状態になった。それでも死にたいとは思わなかったが、いつまで生きていられるのか、生きていていいのだろうかという不安は続いた。

その後、この闇がいつまで続くのかわからなかったが、それでも課外授業だけは受けて、一縷の望みを繋いでいた。先生は母から聞いていたことと私の行動のギャップに悩んでいたらしい。

結局、母から悟され、その望みすら断たれて完全な闇に入っていった。

その頃から、母に対してだけ反抗的になったことは憶えている。私は、どんなことにも強い口調で言葉を返し、反抗した。母も少しは言葉を返したが、私がその何倍もの言葉を返すという日々が続いた。

そんなある日、私が例によって反抗していると、母は急に黙ってうなだれ、下を向いたまま涙を落とすのが見えた。

何を言われても耳を傾けず、反発を重ねる私に困惑し涙する母の姿を見た途端、一瞬にして自分の至らなさを悔やんだ。娘の望みを叶えてやれないつらさと父との狭間で苦しんでいる母が走馬灯の如く頭をかけ巡り、母の膝に伏して、泣きながら何回も何回も詫びた。私の頭をなでながら、反対にごめんねと言った母の言葉にまた泣いた。

泣き続けるとヒクヒクと声が出て話せなくなり、呼吸ができず苦しくなってきた。初めての経験だった。泣きすぎて息ができていないことがわかり、落ち着こうと必死に堪えたことも記憶に残っている。

祖父が隣の部屋にいたらしく、出てきて「お母さんのつらいことがわかって良かった。これから仲良く生活していかなね」と言われ、しっかり頷いた。

その後は、それまでの気持ちから立ち直って登校し、クラス担任と運動担当の先生が相変わらず私の顔を見るたびに「大丈夫か、今日は笑顔がいいね」と声をかけてくださったりしたこともあり、二人の先生や友達に支えられ過ごすことができた。

踏まれても忍ぶ

運動も勉強もあきらめた後は、学校からの帰りも早くなり、祖父や母の仕事を手伝うため、鍬を持ち、朝から田畑へ出かける日が続いた。

その年の冬、月は定かではないが、母から田んぼに行こうという誘いがあった。

その時、母が麦の苗を踏む作業を教えてくれたが、私はびっくりして訊き返した。「せっかく芽が出て伸びとるのを踏んだら折れてしまうやろう」。すると母は「麦の苗は今の時期に踏むと根が伸びて、その後に苗が強く伸び上がって育つとよ」と言いながらどんどん踏み始めた。私も恐る恐る踏み始めたが、母はさらに急ぎ足で踏み進めたので、私も真似してみると勢いが出て楽しくなってきた。

「踏まれても根強く伸びゆく麦の苗」。これは母の言葉なのか諺なのか、はっきりとは憶えていないが、その言葉は今も心に残っている。

また、やがて早春を迎える頃だったと思う。母と近くの小高いところにある畑に出かけ、耕して種を撒きひと休みしていたら、大きな我が家の梅の木に目が留まり、一斉に下を向いて咲く花と目が合った。

初めて花の向きに気づいた私は、母に「梅の花は下を向いて咲くとやね、なんでやろ」と母に訊くと「梅の花は霜や雪が降るときに咲くから上を向いて咲くことができんとかもしれんね。でも寒い時に我慢して咲くから実になるのも一番先。梅漬けにして食べると腹の薬にもなるから有難いよ」という返答があった。そして続けて笑顔で教えてくれた、「下を向き　寒に耐え咲く　梅の花　やがて実になり　良薬となる」という歌に感動した。

その時、冬に山に咲く花の中では福寿草も強く、踏まれても起き上り花が咲くことも教わった記憶がある。この福寿草に関しては、どんな会話の流れからそうなったのかは思い出せないが「踏まれても根強く忍べ福寿草」と書かれたサインを優等生の友人からもらったことも忘れられない。

これらの言葉は、今も心に残り続けている。思えば生きていれば何とかその先に良いことに巡り会えるかもしれないと志を持ち続けて、生きてきたような気がする。

あの日の真実

たしかこの時期だったと思う。祖父の笑顔を見るたびに、幼少の頃に曾祖母を背負って母と出かけたあの姿が脳裏をよぎったが、かといって祖父に訊く勇気もなく、ある日、思い切って母に当時のことを訊いてみた。

母はびっくりして、「エー、まだ憶えとったんね」と、あの日のことを教えてくれた。

それによると、あの時の祖父は曾祖母を本家に連れて行ったそうだ。曾祖母の病状が悪くなり、医師からあと数日内と告げられたためで、それを聞いた祖父は「母には母の人生の道理がある。俺の家で看取ることはできん」と、本家の長男を納得させたとのこと。曾祖母に本家に戻ることを話すと、「お世話になったね」と母にも感謝を述べ、ともに泣いたそうだ。

本家には母も同伴し、曾祖母は数日後に旅立った。

「立派な葬儀で祖母ちゃんも喜んでいたよ」と語る母は、当時のことを思い出したのか泣いているように見えた。私も曾祖母の気持ちを思うと可哀想になり、涙がとめどなく流れた。

しばらくして母は、記憶を辿り、残っていることも話してくれた。

「曾祖母ちゃんはお宮さんの子供で本家の長男に嫁いできたとよ。六人の子供と義理の両親、小姑という大世帯の本家の柱やった。

義理の両親を看取ったり、小姑や子供たちを嫁がせたり、養子に出したり、分家として独立させたりで一生懸命働いとった。我慢強く優しくて、お祖父ちゃんも叱られたり大声を出された記憶はないと言っとった。私が本家にお邪魔しても、いつも笑顔で迎えてくれて嬉しかったね。尊敬の念しかなかったよ。だから急に家に来た時は、それはもう声が出ないほどびっくりしたよ。今思い出しただけでも……」

と言ったあと母の言葉が途切れた。

母の視線は遠くを見つめていたが、その目から涙が落ちたのを見た。私も思わず、胸が一杯になり泣いて母の肩に手をあてた。

それからしばらくして、ではなぜ曾祖母は家に来たのか問うと、「本家の長男のお嫁さんは気が強くてしっかりした人やったから優しい曾祖母ちゃんと同じ屋根の下での生活は難しかったんやろうね」とのことだった。そういえば、当時、本家の叔母さんの評判は友達や仲間からも厳しいものであったことは知っていたのですぐに納得した。

その時、ふと母は人の愚痴を言ったり非難したりしないんだなと思った記憶がある。祖父や父、叔母などの親族や近所の方々への非難めいた言葉は一度も聞いた憶えがない。そんな母だから私も本家の叔母さんの評判を伝えることはなかった。

母の話は続いた。

「あの時は突然家に来たから、とりあえず休んでもらったあと上着を着替えてもらおうと脱がせたら、下着が白装束だったんよ。もう、びっくりしたよ」

私が白装束の意味がわからず問い返すと、「白装束は人が亡くなったら必ず着せる着物のこと。生きている人と反対に左前に着せて、両手を合わせて数珠をかけ、葬儀をしてもらうと。そうして、亡くなった人は魂となって、三途の川を渡って冥土に行くんよ」と詳しく教わったので記憶に残っている。

「それに曾祖母ちゃんは優しい人やったから、きっと極楽に行って楽しい生活をしとると思うよ」と母は言葉を継いだが、私は極楽という言葉がわからず説明を求めた。母はためらい、迷っている様子だったが言い伝えやけんねと前置きして話してくれた。

当時、私は極楽という言葉自体は、お寺で聞いたことがあったが、母の説明で初めて意味を知った。それによると、冥土には地獄と極楽があって、真面目に生活をした人は極楽、悪い生活をした人は地獄に行くということだった。

「でも、この話は昔からのたとえ話よ。言い伝えよ、言い伝え」と肩を叩かれ、会話は終わった。丁寧な母からの説明は、単に言い伝えを話しただけに過ぎなかったかもしれないが、ジーンと私の心に響いた。少し衝撃的ではあったが、人間として生きて行くうえで、大切なことだと受け止めたのは確かであった。

故郷の風景

それから私の心も和らぎ、住んでいる故郷の風景、山や川、田畑、路肩に咲く花を見る目が少しずつ変わって、句や歌に興味を持つようになり、指導を受けた訳ではないが、一人内緒で下手な句や歌を書き留めていた。

やがて夏も過ぎ、秋の収穫期を迎え黄金色に実った田んぼの稲刈りに出かけた。

「今年も豊作やね」と言う祖父に「私は何でわかると？」と問うと、稲の穂にたくさん実がついて垂れているからと教えてくれた。そして「実るほど頭を垂れる稲穂かな」ということわざを引き合いに出し、「これは人間にも通じる、貴女が大人になったらわかるかもね」と続けた。

その後、虫を見つけて「どうにかして！」と騒ぎながら叫ぶ私を「一寸の虫にも五分の魂！　ワーワー言うことはない」と叱った。

将来への不安

収穫が終わると秋も深まり、野山の紅葉も見納め。寒い冬の到来で、いよいよ三年生最後の学期を迎えた。

その頃、私は就職しても小さな村の田舎者に何ができるのか、また相手にされないのではといった不安が先に立ち、母にもその悩みを打ちあけた。皆がそれぞれの道を決め、楽しそうに張り切っているように見えた。私は誰とも話すこともなく、学校から帰っても無口で、母も声をかけづらかっただろう。悩みばかりが大きくなり、これからの生き方も考えられない日々だった。

すると、ある日、心配した母が「ここは確かに小さな小さな村やけど、昔、この村の人が大蔵大臣になったんよ」と切り出し、祖父から聞いたのか、近所の方から聞いたのかわからないが、当時のことを話してくれた。

その人は家から近くの造り酒屋の息子で、小さい時は病弱で長く療養生活をしていたが、元気になってからは勉強に熱中して、広瀬淡窓先生が作られた咸宜園《かんぎえん》という塾に通い、東京大学に入学すると、卒業後は日本銀行に勤めた。

戦時中は日本の財務を担当し、大正八（一九一九）年には日銀総裁に選ばれ、その後、大蔵大臣に就任。そして、関東大震災（大正十二年九月一日）の後、日本経済の立て直しに最適任者として英才を買われ、大臣から再び日銀総裁に就任している。このことは、辞典と資料で確認した。

その後、昭和四（一九二九）年に再び浜口内閣のもと大蔵大臣に就任。「日本を立て直した人で、それはそれは偉い人だったみたいよ」というのは母の言である。

そして昭和六年には、この村へ帰って来たらしい。私はそれを聞いて嬉しくなり、感激したことをしっかり記憶している。

郷土入りの時は人、人で埋まり大変な歓迎だったとか。入り口には我が家の近くの道に大きな杉の木の門が作られ、竹で作った旗のトンネルが一キロ以上に亘り小学校まで続き、村をあげてのお祝いだったとのことだ。夜は提灯行列で村が始まって以来の賑わいになり、村民、郡民、県民は、その偉大さに感銘を受け、喜びは何カ月も続いた。

しかし大臣は東京に帰られたあと、翌年ピストルで狙撃されて命を落とされた。喜びは一変、その悲しみは到底言葉に表せるものではなく、皆苦しくなるほどの気持ちが続いたとか。憎んでもあきたらない痛恨の極みの出来事であった。次期総理大臣が約束されていたとも聞いた。

今も大臣の生家である大きな造り酒屋は後継者がしっかりと守り続けている。同地には記念館も建てられ、当時の新聞記事などに加え、たくさんの遺品が残され、守り継がれている。

その大臣の子孫は私と同級生で、クラスの中でも際立って品が良く、綺麗で頭も良く、成績は女性では常に一番だった。近寄り難い存在と思っていたが、立派な自宅に誘われ大きな庭で遊び、めずらしいお菓子などもいただいた。お正月過ぎだったか、おにごっこや羽根つき、お手玉、石蹴りなど懐かしい思い出である。

今もお付合いいさせていただいているが、その端正さは変わることなく、今でも、お互いに励ましあえることが何より嬉しい。

ともあれ、母の言葉は小さな村の田舎者と不安に思っていた私を、少し前向きにしてくれた気がした。

卒業を控え

その後、祖父は母と私を見かねて、私の卒業後の道を考えてやりたいと母に伝え、親しくしていた医師に相談してくれたようだ。

「もともと元気で明るく、世話好き」と相談したところ、知り合いの医師が開業している病院で看護補助者になることを勧めてくださったらしい。卒業も目前に迫っていたため、母に勧められるがまま、さっそく祖父に連れられ、家から列車で三十分ほど離れた病院へ向かい面接を受けると、すぐに採用通知の連絡が届いた。

今まで色々と心配していただいた担任と運動担当の先生に母とともに報告に行くと、両先生ともに大喜びされ、肩を何回も叩かれた。あの

中学校の卒業式（最後列左から３番目）

温かさは忘れられない。

親しい友にも伝えると、これからも仲良くねと言われ、涙が出た。

涙の別れ

四月初めに、再び祖父とともに持てるだけの荷物を持ち病院へと訪れると、二階の大広間に案内され、先輩たちとの共同生活であることを説明された。皆さんに挨拶を済ませ、荷物の整理を終え、祖父との別れの時間がきた。「頑張れよ」。肩を叩かれた。頷いたが涙が止まらなかった。

裏口に差しかかり、最後の別れに祖父も泣いていたが、「先生に頼んで紹介してもらった以上は顔を潰すことはされん、頑張ってくれ。泣いたらいかん、笑う門には福来る」と言い残して、その後はふり返ることはなかった。後ろ姿が見えなくなるまで泣きながら見守った。

看護の道へ

業務が始まる

翌日から業務が始まった。

何もわからない私はビクビクドキドキで戸惑いながらの不安な毎日が続いたが、見送ってくれた母の淋しそうな涙の笑顔、祖父との約束、これ以上心配はかけられない。祖父と母が作ってくれた私の看護の道への志は絶対に守り通すと心に誓った。

朝はまず清掃から始まり、器材や物品の配置などを指導されて、外来患者さんや面会者を気持ち良く迎える準備をする。洗濯は、汚染された包帯やガーゼ、手術衣などを再生のために洗って干した。汚物の始末、注射器の洗浄、煮沸消毒なども大切な業務であった。指導されたことはメモに残し、業務をこなすのに精一杯で余裕などまったくなかった。

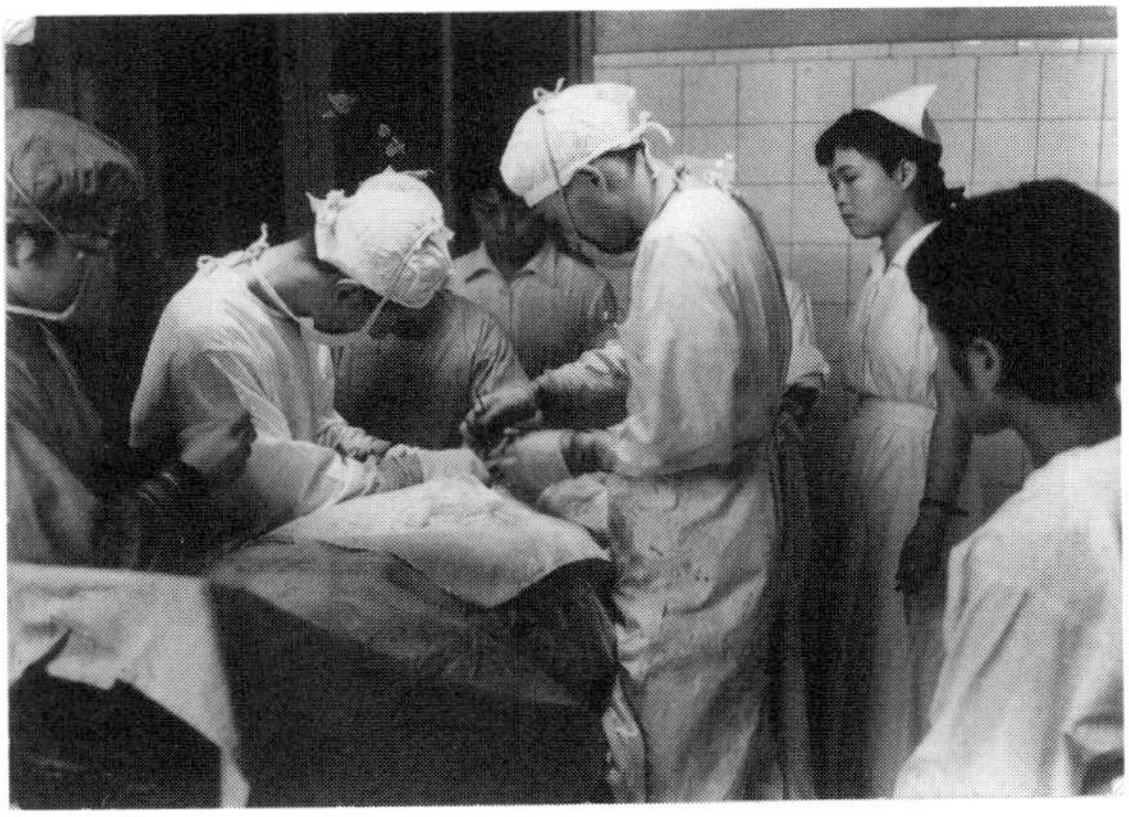

忙しい日々を過ごす

やっと患者さんに出逢えたのは、半年ほど経過した頃だったと思う。

当時の患者さんは家族が付き添っていることが多かったため、まず体温計を配り、先輩から脈の計り方、記録方法や湯たんぽの入れ方、便器や尿器の使用方法を教えてもらい、家族への対応なども細かく指導していただいた。家族がいない患者さんの場合はオムツ交換、清拭、更衣などを指導してもらい、初めて看護らしい業務ができた時は嬉しかった。

それから徐々に看護業務が増え、「有難う」、「済まないね」の言葉をいただけるようになり、手を合わせてくださる患者さんもおられ、自分の役割が認められた気がして、この上ない嬉しさを感じ、幸せな毎日が続いた。

生まれた迷い

忙しい日々を送っていたが、このまま看護補助者の業務だけを続けていていいのだろうかと、迷いが少しずつ出てきた。そして、一年を過ぎた頃から指導してもらうこともなくなると、ますますその思いは強くなった。

隣り合わせの優しい看護婦さんに相談してみたところ、看護婦になるためには学校に行って資格を得る必要があること、三月あたりに看護学校の試験があるので、まずそれを受け、合格したら学校に行くことができることも教わった。

是非受けてみたいと伝えたが、近くに学校はなく、一番近くの学校に行くにも往復三時間以上かかるとのことだった。それでも、どうしてもどうしても行きたいとお願いすると調べてくださった。

看護学校を受験する

早速、履歴書を持ち病院を出た。

なんとか最寄駅には到着したものの、田舎育ちの私は方向がわからず困ってしまい、学校の電話番号を書いてもらったメモを思い出して連絡したところ、優しく教えていただき、無事学校に到着することができた。

履歴書を渡して書類の入った封書を受け取り、帰院して看護婦さんに報告すると大喜びしてくださり、その気持ちに涙が出た。その後、書類に目を通してもらって指導を受けた。昭和三十年頃は准看護学校も少なく、競争率が高いことも知ることができた。

受験後は不安な日々を過ごしていたが、十日ほど経過した頃だと思う。母から驚いた声で合格通知が来ていると連絡があり、事情を話すと納得していたようだった。

看護婦さんにも報告すると、「頑張った頑張った！　おめでとう」と、肩を何回も何回も叩きながら身内のように喜んでくださり、ともに泣いた。

しかし、無事に合格することはできたものの、勤めている病院から通学した人は今まで誰もおらず、また病院と学校の往復に三時間以上かかることもあり、母と祖父に相談したところ、「せっかく頑張って合格したんだから、家から通学しなさい」と言ってくれた。

父は許可するとは言っていなかったが、表情から拒否する意思も見られなかったということで、家から片道二時間近くの学校へ通うことになり、母も喜んで早起きして弁当を持たせてくれた。

病院を探す

しかし、そんな日も長くは続かなかった。

父から直接何かをされることはなかったが、その表情は徐々に険しくなり、祖父と母が困惑している様子を見るにつけ、つらくなった。このままではいけない、何とか通学させてもらえる病院を探さなければと、担任の先生に相談したが、入学したばかりで通学できるような病院はないとの返事であった。もう自分で探すしかないと思った。

そこでまず、列車の車窓から駅近くに設置してある広告欄に目を配ることにして、病院らしき建物を見かけたら、途中下車して近くまで行ってみたりする日々を過ごしていた。

そんなある日の帰り、左側の窓から遠くではあるが山の麓にある建物に病院らしき大きな文字を見つけ、早速次の駅で途中下車し、ハゼ並木の道を三、四十分歩いてそこまで行ってみた。

玄関をたずね、事情を話すと事務長らしき方が出て来られ、優しく両親どちらかと一緒に履歴書を持参するように言われた。

帰って早速、祖父と母に話すと、驚きながらも安堵した表情で承知してくれた。

今度は母の同伴で病院に行き、面接で通学も可能となり、採用日も決定してウキウキした表情で帰路についたが、家に帰り着くと何となく母の表情が暗くなり、「あの病院は結核療養所やね、私は賛成できないよ」と言われた。

私も迷い、不安はあったが、今の生活を思うと、心は決まっていた。それに面接日に病院を案内してもらった時に出会った数人の若い女性の笑顔を思い出し、「勤めたからといって病気になるとは思わないし、私も今まで病気ひとつしたことはない。体には自信があるから」と何度も伝え、母を説得した。

さらに、私はこのまま父と暮らす生活に限界を迎えており、家から通学するほうがつらく耐えられないこと、お金も父に出してもらわなくてすむことを伝え、代わりに成績の良い妹を希望する高校に行かせて欲しいということ、そして資格が取れたら必ず送金することを約束した。

母はごめんね、ごめんねと言って涙を流し、私の手を握った。祖父には勤め先が結核療養所であることは内緒にして、普通の病院であると伝えたが、大喜びしてくれた。あの安堵した表情が忘れられない。

勤務先で出会った美しい姉妹

就職が決まり、看護婦と補助者の紹介があったが、その中で二人の姉妹と思われる方に目が留まった。色白で上品で美しく、その振る舞いに魅せられ、田舎育ちの私には別世界に住んでいる方ではないかとすら思えた。

その後、優しく声をかけてもらいつつも、毎日緊張の連続だったが、それでも徐々に声をかけ合うことができる関係になり、勤めも楽しくなっていった。その頃には学校でも親しい友

勤めに励んでいた頃

人もできて、学校も仕事も楽しく充実した日々だった。

しばらくして、誰からともなく美しい姉妹の過去を知った。お二人は代々御殿医の家庭に育ち、お手伝いさんも一人ずつ付き添われ何不自由なく生活されていたとのことだった。

しかし御祖父様が他界されると、御両親、さらに御祖母様と次々に亡くなられ、雇っていた方も退職、お手伝いさんも帰ってからは、お二人だけの生活を続けられていたそうだ。そして、そのことを知ったこの病院の院長がお二人を引き受け、見習い看護婦として勤められていると聞いた。その話を聞いた私に驚きはなく、冷静に頷いた。そしてこの方々の境遇からすると、私なんかは比べるまでもないと自分を叱った。

ご家族と別れ寂しい生活を過ごされながらも、美しさと気品のある振る舞いと笑顔を絶やさないその姿に感動した。私にも常に語りかけていただくのも有り難く、親しい生活が続いて楽しい日々だった。

勤務先で出会った姉妹（右：姉）

その後、私の看護学校卒業と同時に院長の勧めもあり、お姉さんが私の後輩として入学され、私も嬉しくて嬉しくて妹さんと喜び合った。

当時は結核が蔓延し、同級生の中でも片親や両親兄弟などが入院中だったり亡くなったりしている方が多く、経済的な面もあってか、笑顔というより毎日、学校に勤めにと看護の道を皆真剣に取り組まれていた。

悲しい別れ

その後、私も無事卒業資格を得て日勤になり、嬉しくて毎日張り切り、先輩の指導を受けながら頑張っていた。

当時入院されていた患者さんは重症で痩せ細って喀血続きの方から、中等度の方、散歩の許可を受けている方など様々だったが、それぞれの状況にあわせて看護に日々励んでいた。

そんな看護の中でも、悲しくていたたまれない思いを抱いたケースが、六十一年経った今も患者さんの名前と容姿とともに私の心の底に深く残っている。

当時彼女は二十歳前後、私と同年齢位だったと思う。

重症の方で喀血が続き、毎日ドキドキしながら検温するといつも熱があり、薬を服用しても氷枕をしてもなかなか下がらず、どうして良いかわからず、本人の好む体位を心掛け、清拭や更衣などをする際にも少しでも安楽をと慣れない看護に務めていたと思う。

一生懸命、私なりにできる看護を続けていたある日、白く細った手で私の手を握りしめ、「寂しい、寂しい。早くよくなりたい」と涙を流される彼女に、私もつい涙しながら励まし、手を握り返して、ともに泣いた。しばらくすると、彼女は目を閉じ、握っていた手も離れていった。気にかかって見守っていると眠りにつかれたようなので、私はその様子を見届けてから勤務を終えた。

翌日気になり、顔も洗わず真っ先に部屋の扉を開けようとしたが開かず、ガラス越しに覗くと布団は整理され、ベットが空になっているのが目に入った。その途端、力が抜けて座り込み、涙が止まらなかった。私がその病院で担当した患者さんの中でも、最も悲しい思い出である。

叔母の家へ

その後、しばらく経って、新たな病院で勤務することになった。

その翌年だったと思う。母が伝えていたのか、福岡在住の母の姉から誘いがあり、嬉しくなって早速お邪魔した。次姉の叔母も同席し、従姉兄とも逢うことができて、久しぶりの再会に涙で声が出ないほど嬉しかった。

その時のご馳走は目を見張るものだった。叔父は当時旅館の料理長をしていることは聞いていて、今でいうシェフだったかもしれない。姿造りでお頭付きに刺身が飾られていた。私は今まで見たこともない料理が並ぶ光景にしばらく見惚れていたと思う。戸惑っている私に叔母が取り分けてくれたが、どんな品だったかどんな味だったかまったく思い出せない。

その内、食事も一段落、色々な昔話が飛び出して、「話に花が咲くとはこのことやねー」と誰かが言ったのが嬉しくて忘れられない。

その後、母の幼い頃からの話になり、とても興味深く聞いた。

「貴女のお母さんは小さい時から頭が良くてね、手先が器用で何でもできたよ。手袋やマフラー、チョッキなど姉のくせに編んでもらったよ。顔はゆで卵の殻をむいたように美しく、何もかもひとり占めして羨ましかったねー。弟も海軍兵学校に行って、賢い二人の妹弟は私たちの自慢でもあったよ」。そう嬉しそうに話してくれた。

私は心の片隅で、もしや虐待の話になったらどう答えようか、同情されたらどうしようかなどと考えていたが、ひと言もそれらしい話も出ず、ほっとした思い出もある。

何はともあれ心尽くしの勧待で、夜は従姉の部屋で過ごし、興奮していつまでも話が続いたことも忘れられない。

結婚の報告

その後、結核療養所で一緒だった姉妹が私の勤めている病院へ就職されて、再会を喜んだのも束の間、それから間もなく、縁あって私は結婚式の日取りが決まり、姉妹と結婚式での再会を約束して退職となった。

母、叔母の苦労

自宅に帰った私は、結婚式の準備や家事の手伝いなどに追われて忙しく過ごしていたが、母のすぐ上の姉が我が家の近くに嫁ぎ、私も小さい時から行き来していたこともあって結婚の報告方々、叔母の家を訪れた。

変わらない笑顔に迎えられ、我が家と違って大きな玄関に案内され、十年以上の久しぶりの対面で嬉しく、あれもこれもと報告した。

話は次から次へとはずみ、楽しい時間が流れたが、叔母はその後、「貴女は長女、この機会にどうしても伝えておきたいと前々から思っとったことがある。妹は口が堅いから貴女は知らんと思う」と、急に神妙な顔つきになり告げた。私も少々戸惑ったが頷いた。

「貴女のお母さんは若い時は福岡の長姉夫婦の家で大切に見守られて、そこから勤めに出ながら生活しとったんよ。その数年後に縁談の話が持ち上がってね、あっという間に結婚。そして貴女のお父さんはその半年後に出征になってね、戦地は外国やった。

当時は戦争の真只中で、男の子を持った親はせめて出征前に人並の結婚をさせて見送りたいと思う親心が普通やったからね。貴女のお母さんはしっかり者で思いやりのある人やったから、それを承知で嫁いでいったんよ。

その後、もともと病弱だった姑さんはさらに体調を崩して、お母さんは貴女を身ごもった身体で介護に専念してね。私も手伝いに行ったけど、二カ月後位に、その甲斐なく旅立ってしまった。

義母さんには元気になって色々と教えてもらいたかったとお母さんは泣いとったよ。もしかしたら、姑さんが病に伏していることも仲人さんから聞いて、知っとって結婚したのかもしれん」

そう語り、叔母は妹がいとおしくてたまらなかったと付け加えた。

それから忘れられない思い出も語ってくれた。

「当時は、井戸のポンプでタライに水を張って洗濯板で洗濯しとってね。けど、お祖父ちゃんが洗濯物が多い時は川に行って洗ったほうが早いと言うけん、身重のお母さんが行こうとしてね。私が一人で行くからと言ったけど、結局二人で川まで行って洗ったんよ。

井戸の水より川の水のほうが冷たくて、手の感覚がなくなるほどやったけん、妹のお腹の子は大丈夫やろうかと不安が頭をよぎったんよ。そうしたら、その途端オムツを川へ流してしまってね、拾えば自分が流されるけん、どうしようかと思って。それを見たお母さんは、古着があるから作れば大丈夫と言ってくれてね。あの言葉は忘れられんよ。顔を見たら笑ってくれとった。

それで、年が明けて無事に貴女が生まれた時は嬉しくて涙が出たよ。里帰りでの出産やった。やけど、祖父ちゃんは貴女には優しかったけど、お母さんには厳しかったとよ。時々手伝いに行った時なんか、そこまで言う……ってギクリとするような言葉を何回か聞いてつらかったよ。

お母さんは叔母（父の妹）さんは良い人やと言っとったけど、それなりに気を遣った日々やったと思う。私たち姉三人は貴女のお母さんは一番幸せな人生を送るやろうといつも話しとったとに、こんなに苦労するなんて考えたこともなかった」

そう言うと、叔母は、声を詰まらせ、私も言葉を返せず涙が落ちた。時間だけが過ぎた。

衝撃の事実

そして叔母の「まだ伝えておきたいことがあるけど……」とためらっている様子におそらく私は

頷いたと思う。

そしてそれは想像すらしなかった事実だった。

当時を思い出してか、叔母は真剣な顔で言葉を選ぶように話し始めた。

「あの日のお母さんは子供を背負って、一人は手を引いて急に来たとよ。貴女はおらんかった。顔つきがいつもと違うと思いながら声をかけると私に子供を預けて、ちょっと一人にさせてと別室に倒れ込むように入ってね。むせび泣いとるみたいで、泣き声が聞こえんのが反対につらかった。それから一時間くらい経ったんやないかな。部屋に戻って落ちつきを取り戻したみたいやったけど、目は真っ赤になっとって、私も思わず泣いてしまって。

その後、お茶なんかを出してから子供とも話せるようになって、少しずつ話してくれてね……」

続く内容は私にとって衝撃的なものだった。

それは父が浮気をして相手に男の子がすでに生まれていたこと。父は母と離婚して相手の女性との結婚を希望していたこと。そして、相手の父親が逆上して家を訪れ選択を迫り、それはもう恐ろしくて殺されるのではないかと思ったこと。母もさすがにその時は気が動転し、驚きのあまり声も出せず、体の震えが止まらず、制止することもできなかったこと。

祖父は知っていたのか冷静に対応して何回も頭を下げてお詫びをしていたが、母にはその時に自分がどうしていたかの記憶はない。

その後、祖父が仲人の方と相手の家に数回足を運び、なんとか解決したようだ。さすがに祖父も母の顔がまともに見れなかったようで、何回も頭を下げ謝罪したそうだ。祖父の誠実な態度に母は少しずつ救われていったとのことだった。しかし父がその時どうしていたかは、母から一切聞くことはなく、聞きたくもなかったと叔母は言った。


叔母は、その後についてこう語った。

「その後、お母さんは少し落ち着いたみたいで、また出直してくるからと言って子供と一緒に帰ったんやけど、肩を落としてトボトボと歩いて帰る姿が今も忘れられんでね……。

帰り道には道路沿いに大きな川が流れとったから気になってね、もしやと不吉な予感がしたけん、後を追いかけて『頑張って生きるとよー！』と叫んだ気がする。お母さんは頷いとったと思う」

それでも気になった叔母は、また母の後を追いかけ、川を通り越す姿を見届けてから引き返したことなど、その後も不安だったと詳しく話をしてくれた。


それから数カ月が過ぎた頃に母が再び叔母のもとを訪れ、落ち着いた様子で話すのを見て、少し胸をなでおろしたそうだ。

母は帰り際に色々と心配かけたことを詫び、「この子たちが成人するまではたとえどんなことがあっても乗り越えて、耐えるけん。素直でいい子ばかり、祖父ちゃんもあれ以降は人が変わったように気を遣ってくれるけん助かっとる」と言い残し、今度は速足で帰ったそうだ。叔母の「それを見てほっとしたよ」と言う笑顔に、私も何となくほっとした。そして結婚してもお母さんのことは頼むよと肩をなでられた。

叔母の苦労

家に帰って叔母の話を母に伝え、私なりにねぎらいたいと急ぎ足で家の近くまで来たが、ふと足が止まった。叔母の言葉が頭を駆け巡った。母の辛苦は私の幼少の頃から始まっている。これまで、どれだけの悲しさ、苦しさに耐えて生活して来たのかと。

再び母が不憫になり、帰るに帰れず、入り口の横の木にすがり、涙と気持ちが落ち着くまで玄関に近づけなかった。

やっと帰り着いたが、たしか近所の方が来宅していて祖父もいたので、結局その日は話せずじまいだった。二、三日後に母にその話を切り出すと、母は笑いながら、

「もう昔の話で忘れたよ。それより叔母ちゃんこそ大変だったんよ」

と叔母の過去の話になった。

「叔母ちゃんは十代後半に原因不明の大病を患ってね、髪は抜けて痩せ細り、肌の色も悪くなって。生きていけるやろうかと家族みんなで心配してね。毎日毎日不安な生活が何年も続いたよ。でも先生や皆さんのお陰で何とか徐々に回復して、治った時には家族だけやなくて親族まで喜んで大きな祝い事になったよ。でも、それと引き換えに叔母ちゃんは婚期を逃してね、実家で色々な手伝いをしながら過ごしとったんよ。

それで三十五歳は過ぎた頃やったと思う。叔母ちゃんに後妻の話が持ち上がったと。相手は会社経営者で、三人の小学生がいるという話を聞いた時は家族全員で反対したけど、叔母ちゃんはすぐに一人で決断して、結婚したんよ。あの時はきっと両親にこれ以上迷惑はかけられんという思いで嫁いでいったんやなかろうか。

でもね、私がこれから先の人生に不安を感じて、しばらくして叔母ちゃん宅にお邪魔したら、ご主人の行き届いた気配りに驚いて、涙が出るほど嬉しかった。三人の子供もみんな笑顔でお行儀よくてね。挨拶をしてくれたことは忘れられんね。

そして叔母ちゃんの幸せそうな笑顔……。『あぁ、これは大丈夫だ』と直感したね。なんも話さんで安心して心もウキウキして帰って来たよ」

私はこの短い期間に叔母と母の過去を知って心が痛んだが、二人は私を信じて話してくれたのだと受け止め、絶対に口外しないと自分に誓った。

そして自分の過去をふり返ると、それは常に母と祖父、叔母に見守られた生活であったこと、そしてその陰で口数の少ない母はただ一人で耐え忍んでいたことに思い至った。母に比べると私の苦しみなんて……。自分の甘えだったことに気づいた。

人間の一生は断片的ではなく、生涯を通して考えるものである。その人らしさ、その生き方はそれでこそ見えるということを母から学んだ。

いよいよ嫁ぐ日が近づいた頃、祖父から言われた。

「もらってくれる人ができて良かったたい。嫁に行ったら、向こうの家のしきたりを覚えて、何でも粗末にしたらいかん。始末が大切ばい。そして、志を忘れずに。志は自分にも、自分以外の人にも大事なことやけんね」

この言葉は今も記憶に残っていて忘れられない。

家族の温もり

家族のかたち

結婚式

昭和三十六（一九六一）年、福岡天神のデパートのたしか六階で結婚式が行われ、遠方の大分から親戚一同に参列していただいた。叔母たちからも次々と笑顔と涙の挨拶をもらい、嬉しさで涙が流れっぱなしの披露宴で一生忘れられない。

しかし父の顔には笑顔も涙もなく、挨拶に回る様子もない。まったくの無表情で座ったままだった。一方で母と叔母は慌ただしく動き回り、気遣いしてテーブルを回っていた。

主人と私の結婚式

母の笑顔と父の仏頂面

この頃、日本の景気も良くなり、テレビ、冷蔵庫、洗濯機の三種の神器という言葉が盛んに聞かれるようになり、各家庭に普及し、その後も好景気は続いた。

ある日、里帰りしていた時のこと。

母はいつも私が里帰りする際には叔母に連絡をしてくれたので、祖父、叔母、母と会話がはずんでいた。するとなぜか突然、叔母が「貴女のお父さんはいつ来ても苦虫を噛み潰したような顔をしとるけど、あの表情で人生が楽しいのやろうかねー」と切り出した。祖父は無言になり、母は苦笑い、私は言葉が出なかった。

その時、感じた思いはみんな同じだったかもしれないが、叔母にしか言えないこの言葉になんだか納得し、寂しくも不思議な気持ちになったことは忘れられない。

そういえば、どの写真をみても母は常に笑顔だが、父の笑った顔写真は一枚もないことに気づき、今に始まったことではないと妙に納得した。

息子の誕生

そして、昭和三十九年七月、オリンピックの年に長男が誕生した。

当時、私たちは福岡の雑餉隈駅近くに住んでいて、息子の成長日記に「同年九月十六日、十三時十六分、聖火リレーが山田を通過した」と書いている。

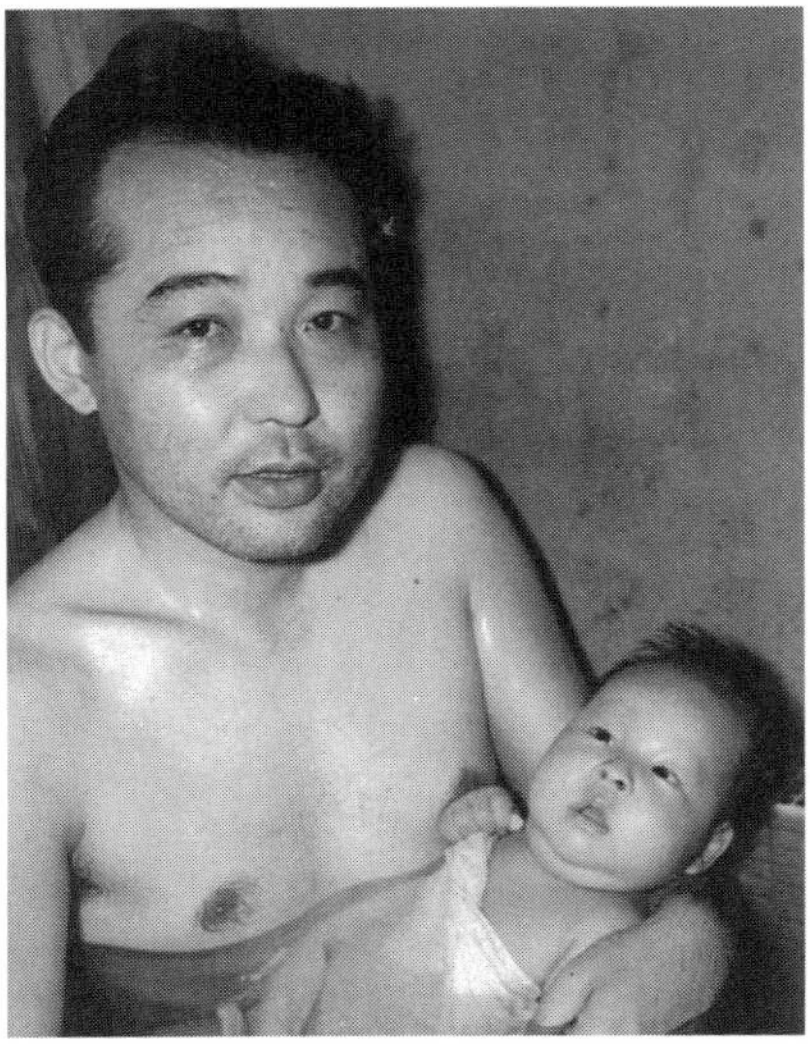

主人にお風呂に入れてもらう長男

この時、息子はまだ生後二カ月であったが、次回の開催まで待とうという考えは毛頭なく、記念すべき日と自分に言い聞かせ、両親と四人で近くの道路に出かけて聖火リレーを迎え、声援を送った。このことも成長日記に書かれていた。

集団就職

当時は日本の景気も上昇を続けて、農業国から工業国へと舵が切られていたと思う。それに伴い大都会では人手不足が続いていた。

しかし、一方で地方はまだまだ生活に余裕などない経済状況が続いており、義務教育を卒業するや、少年少女は家族の担い手なども含めて、当時集団就職といって大都会に集団で就職し、集団列車が東京、大阪方面へ走っていた。

まだまだ親元を離れて独立できる年代ではなく、もっと勉強したい、進学したいであろう我が子が、我慢して旅立っていくことを知りつつ、駅のホームで送り出す親子の別れがテレビで写し出されると、もう切なくなって一人涙していた思い出がある。

私も当時、同じ年齢で勤めに出たことを思い出した。卒業と同時であったため不安の中、祖父と母の言葉を信じた涙の別れであった。

それから十数年の月日が流れ私も二十七歳前後になっていた。後に知ったことだが、九州から集団就職した中に、多くの人に知られることになる一人の少年がいた。上京後、苦労を重ねて歌手を目指し、数年後に歌手デビューを果たした森進一さんである。

「おふくろさん！」と歌う声は忘れられない。森さんは、その後も活動を続けられ、歌手として確固たる地位を確立し、紅白歌合戦にも何回も出演されている。

今でもテレビ画面に写し出されると、誠実で優しい笑顔と穏やかな会話、独特な声にほっとした気持ちになり、勇気づけられている。

孫の誕生と義父の命名

長男が誕生したのがオリンピックの年だったので、主人が記念硬貨を買ってきた。また、主人と私が義父に子供の名付けをお願いすると、快く引き受けてくださり、その三日後に「三日三晩考えた名前だぞ」と達筆で長男の名前が書かれた和紙を持参してくださった。「こんなに喜んだ父を初めて見た」と言う主人共々喜び、義父に感謝した。体重が三、九〇〇グラムあることにも驚かれ、笑顔いっぱいで義父母は帰られた。

その後、主人も三十歳を過ぎて役職をいただき、社宅へ転居となった。次男も誕生して、義父も大喜びで再び名前を付けていただき、すくすく育ち、順風満帆な日が続いた。

複雑な心境

そんなある日、弟が私立大学に入学できたとの知らせを受けた。

もちろん嬉しくはあったが、私の頭をよぎったのは、ああ、家は経済的に問題はなかったんだ、単なる私の思い込みだったのかという思いで、複雑な気持ちになった。私が就職して、妹弟の高校への進学の足しにと送金していたのはなんだったんだろうとも思った。

しばらくして母に訊くと、父宛の送金にすることで、少しでも私への対応が良くなることを期待していたためだと伝えられたが、父の態度は変わることはなかった。

祖父の旅立ち

その後、祖父が体調を壊し、私が最初に勤めていた病院で手術となった。色々な治療を試みたが、最期は自宅で迎えたいという祖父の希望を母も承諾した。献身的な介護をしていたらしく、私が見舞いに行った時、

「貴女はよかお母さんを持ったね。自分はもうなんもできんごとなった。お母さんには苦労ばかりかけてきた。きっと先にはよかことのあると思うよ。宜しく頼む」

と私の手を握り、私は泣きながら二人の子供と故郷を後にした。

それから、約一カ月後に医師と私の両親に見守られて祖父は旅立った。私が連絡を受けたのは、旅立ってからすぐで、電話連絡であった。もう少し早く知らせて欲しかったと伝えると、小さい子供を二人抱えて大変だろうという母の心遣いだった。

私にとって大切な大切な心の支えで、言葉では言い尽くせないほどの存在だった祖父の死は、泣いても泣ききれず、葬儀では、叔母と手を取り合い号泣が続いた。

葬儀後、叔母と祖父のことを色々と話していると、祖父からの気遣いを思い出した。

祖父は私をよく芝居小屋に連れて行ってくれた。苦手な浪曲も祖父と一緒なら楽しかった。帰りは提灯を持つのが嬉しくて、「危ない、危ない。気を付けて」と何度も注意されながら夜道を歩いたことなどを叔母に話し、また泣いた。

祖父と初ひ孫

祖父にとって私の子供が初めてのひ孫だったため、大変可愛がり、我が家に来た時には公園や近くの店などに連れて行ったり、お風呂に入れたりとよく面倒を見てくれた。

そのお陰もあってか、長男が五歳位になった頃、文字に興味を持つようになった。少し教えるとすぐに記憶し、絵本を与えるとあっという間に読み終え、まとめ買いしたが、それもすぐに読み終

長男を抱えて笑顔の祖父

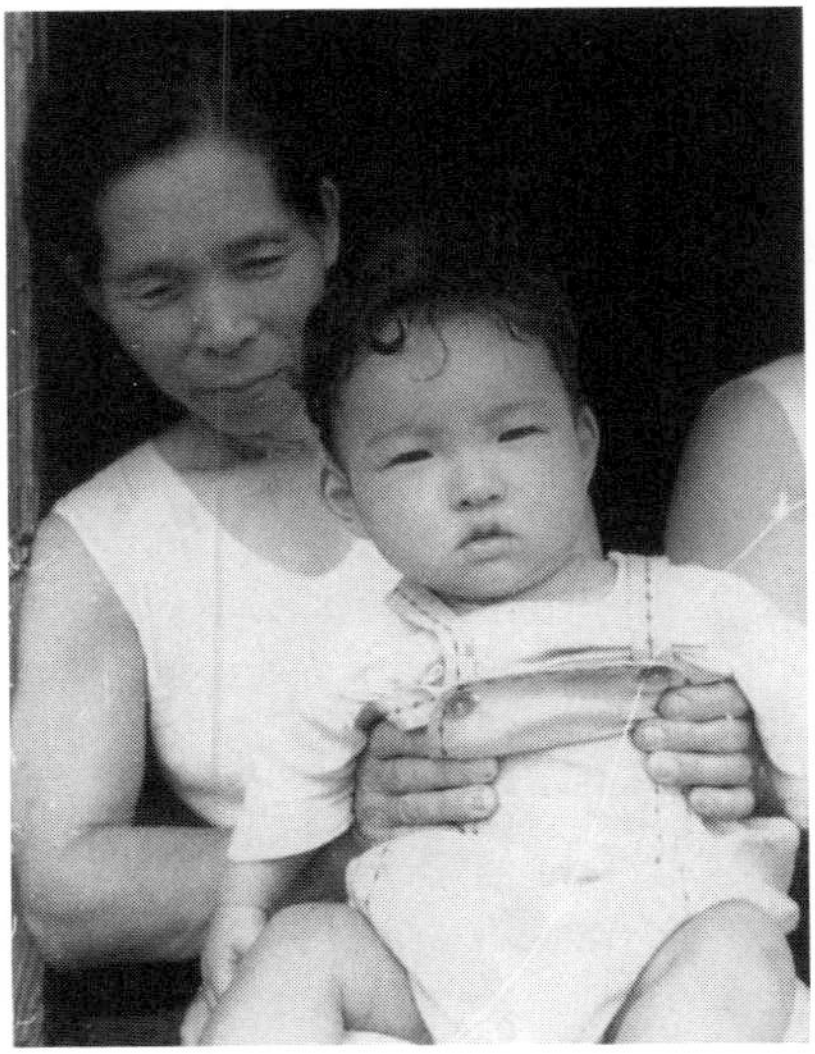

母と次男（昭和 47 年）

えて読み返していた。

その中に特に息子の目に留まった本があることに気がついた。たしか『かたあしだちょうのえるふ』というタイトルだったと思う。読み終えて涙を流す息子に「どうして泣いたとね」と問うと「だちょうさんが可哀想」と答えたその優しい気持ちに感動し、私も改めて読み返した。息子は落ち着くとまた読んで涙していた。

小学校一年生になると昆虫に興味を持ちはじめ、昆虫図鑑とふり仮名つきの『ファーブル昆虫記』を渡すと大喜びだった。食事の時も手離さないほど嬉しいらしく、五十年近く経った今も、本棚にしっかり収まっているのを見ると、懐かしく当時が思い出される。

差異

義父母も時々来宅してくださり、息子たちの生活態度を伝えると、自分の息子を超えそうで楽しみだねと目を細め、三日三晩考えて付けた名前を自慢して大喜びしてくださった。

今まで厳格で近寄り難い方だと思っていたが、孫のことをこんなに大切に思ってくださる義父母に急に親しみを感じて、それから色々なことも相談できるようになった。

その後、実父母が我が家に来た。早速、同じように息子たちのこと、義父母が喜んでくださったことを話すと、母は喜んで子供たちの頭をなで、お利口やねと褒めていたが、父はというと無言のままで、新聞かなにかに目を通していたのか、聞こえなかったのか、顔を上げることはなかった。母も心配そうに私の顔を見たが、今後は子供たちのことは話さないようにするから心配しないでと話した。

翌日、二人は帰ったが、その後、父は我が家に来ることはなかったと思う。義父母が訪れるたびに孫の成長ぶりを喜んでくださるのが嬉しかった。

活発な次男

次男は長男と違って外で遊ぶことが大好きで、遊んでは転び、怪我も絶えず、一度軽トラックと接触して前歯を折る事故にあったりもしたが、幸い大事には至らなかった。親族からも兄弟で性格も遊びかたも動きが違うねと言われ、私も少々気にかけていたが、義父母は「元気が何より、まったく心配ない。子供らしくて大好きだ」と言ってくださった。

しかし、ピアノだけは兄と同じく大好きで、先生の指導にも素直に頷き、発表会にも兄とともに出演して褒められていた。

あの一件以来、母は我が家へ一人で来るようになっていた。

次男は相変わらず活発で、外遊びが大好きだったので、母がプールに連れていこうかと伝えると、大はしゃぎで張り切って出かけたが、帰りは疲れたのか、タクシーで帰りたいと言い出したとか。「このくらいの道は歩かんと足が弱るよ」と母が言うと、「僕が前に祖母ちゃんにお小遣いやっ

七五三でおめかしの長男と次男

三男の節句

たやろー。それでタクシーで帰りたい」と言われて、ぎくりとしたそうだ。

というのも、半年ほど前に母が家に来た時のこと、次男が「祖母ちゃんに小遣いをあげる」と五十円を差し出したので返そうとすると、「祖母ちゃんは白髪になって腰も曲がって可哀想やけん」と、つき返されたそうだ。母からそれを聞いて、その時に「せっかくやけん、一応預かっといて」と伝えたままになっていたことを思い出した。

「結局、タクシーで帰って来たよ」と話す母に大笑いした。

虐待の原因

この時期は、子供たちも順調に育ち、明るい日々だったが、私はふと、子供たちと虐待を受けていた当時の自分の年齢や環境を重ね合わせることが多くなった。

そこで、思い切って母に父からの虐待の原因を何度か尋ねたが、返答はなかった。だが、当時から二十五年近く経過した今、これは私にとっては最後のチャンスだと思い、改めて母にその旨を伝えたところ、「戦争も終わって二十五年以上になるねぇ。もう話していいかも」と話しはじめた。

母によると当時、戦地に行っている間に生まれた子供は可愛くない、愛情が持てないらしいという噂が流れていたが、戦時中にそんな会話をすることはタブーとされていたため、いつの間にか誰も口にすることはなくなったそうだ。母は、そこに原因があるかもしれないと思いつつ、真実はわからないままだったため、父をあまり責められず、祖父も苦悩していたとも語った。

母は具体的な理由を語ることはなかったが、何となく察することができた。結局、真実は解らずじまいであったが私も少し安心し、これで忘れてしまおうと心に誓った。

横井さんの帰還

昭和四十七年、びっくりする出来事があった。

それは太平洋戦争の敗戦を知らぬまま、外国の山の中で生活しているところを地元の方に発見された、横井庄一さんの帰還である。その様子はテレビに映し出された。

そして今でも忘れられない第一声は「恥ずかしながら帰って参りました」という言葉だった。聞いた時は思わず胸が締めつけられたが、戦地へ行く時は命を落として帰ってくることが美徳とされていたと祖父が言っていたことを微かに思い出した。横井さんの気持ちはそれなりに理解したつもりだったが、つい涙して手を合わせ、お疲れ様と思わず口にしたことは今も鮮明に記憶している。

三男の誕生

その翌年、十一月に三人目の子供に恵まれた。

この年はオイルショックが起き、買い物に行っても店頭には何も置いておらず、不安な生活の中で四カ月後に福岡へ転勤となったが、なんとか子供にまで大きな影響はなく、すくすくと成長してくれた。

三男は、近所の子供さんを可愛がっていて、よく家に遊びに来ていた。末っ子だったせいか「お兄ちゃん」と言われるのが嬉しいらしく、優しいお兄ちゃんぶりを発揮していた。また、五、六歳の頃、二人で出かけた時に杖をついてやっと歩いている年配者の姿を見て、じっと立ちすくみ息子は涙を拭っていた。親族に高齢者が多かったせいか、その後も年配者が列車に乗って来ると、すぐに席をゆずっていた。

渡されなかった小袋

その後、二男も中学に入ると、すっかり落ち着き、末っ子は上の子と八歳違いということもあってか、皆さんから可愛がられ、ヤンチャで心配していたが行事や町内の催し物などに積極的に参加していた。

ある年のお盆、久しぶりに母から促され、子供たちも大喜びで里帰りした。

三男の初節句

妹弟の子供たちも集まり、ワイワイガヤガヤと楽しい時間を過ごしていると、父が子供たちを呼んで小袋に入った小遣いらしきものを各々に渡していた。当然、私の子供にも渡すものと思っていたが、その姿は見られなかった。その時、弟嫁と目が合ったが、気の毒そうな顔をしてくれたものの、言葉はなかった。私は、息子も気づいているのではないかと顔を見ると、目が合ったが話すことはなかった。妹弟がその場にいたかはまったく記憶にない。

その後、母が気づいたのか、誰かから知らされたのか、後で子供に渡していた。「あぁ、これは今年に限ったことではなかったのかもしれないな」という考えが、ふと頭をかすめた。

私が生まれて四十年近くの月日が流れていた。

それから数年経過していたと思う。なにかの会話の中で弟嫁から、「あの時のお義父さんの態度に驚いた。気の毒で言葉も出なかった」という言葉をもらった。私の過去を知らない弟嫁から出た言葉に、思わず涙し、返す言葉がなかった。私の気持ちを察してくれたのが義妹だったことが嬉しく、その言葉に感謝した。

その後、子供も成長し、郷里からは足が遠のいていた。

再び看護の道へ

パートとして勤め始める

我が家も新築して、長男も中学生になった。幸い成績は良く、先生からは特に数学は際立って理解が早く、優れていると言葉をいただいた。そういったことは常に義父母には報告し、もちろん喜んでいただいた。

三人の子供も順調に成長し、順風満帆の日々を過ごしていたが、その頃から主人の表情が暗くなっていった。毎日のように会社の帰りも遅くなり、付き合いだからと言って飲酒やマージャン、囲碁などで深夜帰りが続き、家に入れる給与も滞りがちとなってしまった。

会社のことを訊いても、「お前にはわからん」と怒られるため、私もこれ以上は無理と判断したが、かといって、これから子供の進学もあり、なんとか考えなくてはと思い、まず近くの病院にパートとして勤めはじめた。

しかし、医学の進歩は目覚ましく、看護もそれに伴い高度化し、主婦業をしていた約十四年間のブランクはすぐに埋まるものではなく、その業務内容に驚く日々が続いた。

周囲の方々が医師と相談しながらスムーズに従事されている姿に、このまま勤めていても限界がくるであろうこと、自分の力が及ばないことを身をもって感じてはいたが、パートだったこともあり、なんとか頑張っていた。

三度目の入学へ

そして、ちょうどその頃、看護学校の進学コースができているとの情報を得ることができたが、当時は看護学校の数も少なく、入学するのも大変だという噂も耳にしていた。しかし、私はこのままでは如何ともしがたく、高度になった看護、そして治療への介助を身につけるためにも、学校への再チャレンジを是非してみたいと思うようになってきた。

その後、調べているうちに、ついに二回生の募集をしていることを知り、病院には伝えず受験してしまった。運良く合格通知を受けたものの、誰にも相談していなかったため、まず看護部長に報告し、相談させていただいた。

そこで進学希望者は、数年間の勤務後に受験資格を得ることを初めて知り、私は猛省した。だが、申し訳ない気持ちでいっぱいの反面、この機会を逃すと次はないという思いで、退職を覚悟して自分の意志を伝えることにした。そうして、しばらくすると看護部長から院長が許可してくださったと聞き、ただただ感謝の一念で、部長に同伴していただき、その足で院長にお礼の言葉を伝えた。院長先生は穏やかな笑顔で、「あまり無理せず頑張ってみなさい」と言ってくださり、胸が熱くなり、頭を下げるしかなかった。卒業できたら、私は一生この病院に身を捧げると心に誓った。

仕事、学校、家庭

その後、仕事の面では先輩方からも優しく接していただいたが、一方で家庭をふり返ると、長男、次男は中学生で末っ子は幼稚園と大切な時期で、主人も精神的になんとなく不安定な様子だったが、もう背に腹は代えられない。もうあとに引けない。そう思って子供の心情も顧みず、主人と子供にも話して了承を得た。

子供たちは実感として受け止めていないようであったが、子供を信じ、主人へは再度の協力をお願いして、仕事と学校と家庭をこなすという生活が始まった。

勤めでつい遅くなった日は、空腹を我慢して私の帰りを待っている子供たちの顔を見るなり、「ごめんね、ごめんね」と言いながら夕食の支度に取りかかり、涙することもあった。素直な子供たちの態度が逆につらかった。また、末っ子の運動会に私の代わりに主人と長男が参加してくれたことにも今も申し訳ないという思いが残っている。

今ふり返ると、なんと無茶なことをしてきたのかと思うが、それにもかかわらず、反抗もせず、今も真面目に生きてくれていることに感謝しかない。

運動会で８歳上のお兄ちゃんと

看護学校卒業と覚悟

そして、昭和五十五年、長男も無事に高校に入学し、次男は中学三年、末っ子は小学一年生になっていた。

私も無事に卒業することができ、学校長賞までいただいた。もちろん嬉しかったが、これは主人と子供たちの献身的な協力、そして勤め先の方々と学校の先生の力添えや励ましの言葉があったからこそという思いが頭を巡り、胸が一杯になり、溢れ出る涙をどうすることもできなかった。

すると、教務主任が静かに私の肩に手をかけると、「大切なのは今まで修得した看護をこれからどう生かし、究めていけるかよ！　期待していますよ」とおっしゃった。卒業は新たな人生の始まりであることを深く心に刻み、看護への志を定めた瞬間でもあった。

卒業の日

当時の教務主任（左から２番目）と湯布院旅行に

その後、当時の教務主任は、間もなく日本有数の看護大学の教授になられ、学部長、大学院の教授などを歴任された。また、看護に関する書籍も多数出版され、日本の看護教育に尽力された素晴らしい先生であった。

また、一介の学生に過ぎなかった私たちのお誘いにも気軽に応じてくださり、今も同窓会や旅行などにご参加いただいている。その際には、看護の現況などを教わり、今もご厚誼を賜っていることに感謝しかない。

卒業後は先生の御言葉を胸に、新たな看護への覚悟を持ち、究めていこうと緊張感を持って業務に当たった。

管理者として

その後、勤務交代でＩＣＵ、救急病棟の兼務を命ぜられた。そして、昭和五十六年七月、「福岡県医報（一〇六一号）」の雑誌論評で「未来の医療像、看護の立場から」というテーマで投稿依頼を受けて掲載され、院長、看護部長にも喜んでいただき嬉しかった。

その後、病棟兼務の管理を命ぜられ、慣れない管理者という立場と多忙の中、とにかくスタッフとともに一線での看護に集中することにつとめた。余裕のない人数での業務が続いたが、お互いの気配り、声のかけ合いで一致協力し、理解を深め合っていたことは、当時名ばかりの管理者であった私にとって有難い一言で、忘れられない時期となった。

窓から差し込む光

また、当時救急病院は地域に少なく、毎日のように救急車の搬入が続いた。

夜間の業務は、ほとんど院長と二人の副院長で対応し、当直医師とともに治療や手術など徹夜の勤務もみられた。職員たちが心配してねぎらいの言葉をかけていたが、穏やかな表情で「貴方たちこそ大丈夫ね」と逆に気遣われ、嬉しさで泣いている看護婦もいた。

私もその気遣いをいただいた経験がある。

それは、ある日の午前三時頃、夜勤の看護婦から自宅に電話があった時のことである。病院に救急車が入ったが、院長と副院長は手術中で、対応できる人がいないまま次の入院を迎えなければならないということだった。不安でたまらないのか、彼女はどうしたら良いかわからないと電話口で泣いていた。

私はいても立ってもいられなくなり、今から行くからと即答した。すぐに主人に経緯を説明しようとしたが、私の受け答えで察知してたのか、後は任せてくれ、病院に早く行くようにと準備も手伝ってくれた。私は自転車を思い切り飛ばして勤め先へ急いだ。

電話をくれた看護婦と目が合うと、途端にワーっと泣き出し、私のそばに駆け寄った。私は肩に手をかけ何度も頷くことしかできなかった。

その後は優先順位をつけながら、手分けして看護や治療介助、そして不安な家族への対応などに専念した。

そして業務に区切りがつき、一息ついた頃、窓から差し込む光で夜明けであることに気がついた。「朝になったね」とささやかな笑顔で無事に難局を乗り切ったことをともに喜んだ。

院長も副院長も疲れ切った表情で、椅子に寄りかかり一息つかれていた。そして私を見るなり驚かれ、「どうしたと？　何時に来たとね。早く帰って休みなさい」と言ってくださった。

看護部長もやがて出勤され、スタッフから事情を聞くと帰ることを勧めてくださったが、主人に連絡をとると、当日は休日だったと思う、「家は大丈夫、子供も心配ない」との返答があり、安心して日勤した記憶がある。

あの時に電話をもらった看護婦の名前は今も憶えている。対馬から来られて資格を得た、独身の看護婦であった。その後は、結婚のため、郷里の対馬に戻られたということで淋しくも嬉しい思い出がある。

続く看護の実践

多忙な毎日の中、自らの目指す看護の実践は続いた。これは出過ぎているのではと反省することもあったが、その意図を理解してもらっていたのか、スタッフは声をかけ合い、一致協力のもと看護は遂行されていたと信じている。であるが、今になり、果たして独りよがりの管理になっていなかったかと思うこともある。

院長、副院長は新人を大切にされ、色々と話しかけられていたため、若い看護婦はまるでスターから声をかけてもらったかのように、その感動を私に報告していた。

お二方は揃って穏やかな方で、大声を出されたり、怒ったりされている姿は見たことがない。看護婦に限らず、他の職員にも同様に対応され、お二方への不満など耳にすることはなく、正にその人柄だと思う。

スタッフは多忙な勤務を続けていたが、時間が過ぎても自分たちの業務が一段落するまでは誰一人帰ることはなかった。帰るように勧めても「大丈夫、大丈夫ですよ。納得して帰りたいから」と言われてつい甘えてしまい、このことも反省である。

その後も多忙ながら、順調に過ごす日々が続いていた。

学会での発表

ある日、院長から「様々な患者さんを受け入れて看護に専念し、学びながら乗り越えているので、さらなる看護レベルの向上のためにも病院学会で発表をしてはどうか」と提案があった。

早速スタッフに伝えると、喜んで引き受けてくれて、協力も約束してくれた。当時、症例は山積みだったが、発表は初めての経験であるだけに、まず原稿を書くことに苦心した。引き受けたものの不安がよぎり、ミーティングを重ねてもなかなか糸口が見出せなかった。

看護部長にも相談すると、「病院開設以来、初めてのことだから大変だろうね」と、ともに院長に相談してくださった。すると、院長はいともたやすく、「そんなに心配しなくていい、そのままを原稿にしたらいい」と相変わらず穏やかな表情でおっしゃった。

その後、助言を率直に受け入れ、スタッフの力も借りて原稿を作成し、院長から「ああ、これで充分」と一発合格をいただいた。

テーマは「総合看護のあり方」とした。発表日も決まり、場所は東京の野口英世記念会館だったと思う。

当日はまず発表者が院長から指名を受け、発表した。

会場には、千葉に嫁がれた、約二十七年前に同僚だった姉妹が駆けつけてくださった。学会終了後まで待っていてくださり、涙、涙で再会を喜び合い、このお二人との仲は特別であることを実感して、いつまでも手を握り合った。

学会での発表

義父との別れ

その二年後、昭和五十九年二月に大切な大切な義父が他界。悲しみに暮れた。感謝を伝えても伝えきれないほどの心配りをしていただいた義父に、お礼とお詫びを伝えた。

今でも我が家の床の間には、義父の遺影と中曽根総理大臣に授与された叙勲を飾り、その偉大さに毎日敬服し、お逢いできる幸せを感じている。

充実した環境

その後は、スタッフにも多方面で発表してもらい、活気あふれた時代だったと思う。

六十二年七月には、日本病院学会で「地域における救急看護」と題し、これからの看護の役割について複数人で書いて発表。これは優秀演題となった。

その後も、スタッフとともに看護等研修センターで、数多くのことを学ばせていただき感謝している。院長は看護教育に特に熱心で、そのための費用は惜しまなかった。

病院の移転

それから間もなく、病院の新築移転の話が持ち上がった。予定の場所には田畑しかなく、近くに川が流れ道路も狭く、一同びっくり、顔を見合わせてしまった。

しかし、院長の将来を見据えた構想であることをしっかり聞いていくうち、皆も納得し、その後は、移転について会議が重ねられ理解が深まった。

計画も最終段階に入り、各々の役割分担と、移転時期は平成二年十月という知らせがあった。私はＩＣＵ救急病棟の患者さんの移送の指示を受けた。

ここまで書き終え、急に当時の資料が気になり、取り出してみたところ、移転に関する会議で使用した、「検討事項」と書かれた私の資料を見つけることができた。平成元年の記録であった。この資料に目を通し、私も未熟ながら並々ならぬ覚悟だったことをそれなりに読み取ることができた。約三十年前のことを思い出し、懐かしく少し嬉しい気持ちになれた。

それから、移転日も間近に控え、先生方の判断のもとに患者さんの移動時の慎重な行動とご家族の協力を依頼し、快く受け入れていただいた。

病院全体で患者さんの数は二五〇名ほどだったと記憶しているが、ご家族の了解のもと、一泊できそうな方、自宅への短時間の外出が可能な患者さんにご協力いただき、少しでも異変があったら連絡できる方の確認をとっていただいた。従って最終的には二〇〇名前後になったと記憶している。

いよいよ当日となり、移送は九時から十七時までの予定となった。責任者、担当者はそれぞれの部署と医師と連絡をとりながら確認し、指示を受けながら、移動は開始された。

ＩＣＵ救急病棟の患者さんは医師から再確認を受け、慎重の上にも慎重を期し、人工呼吸器を使用している患者さんは救急車で移動していただいた。

結局、予定時間より早く、十六時過ぎには無事終了し、全スタッフの一致協力とご家族の御協力の賜物だと感謝した。

院長、副院長、看護部長からもねぎらいの言葉をいただき、スタッフ全員が滞りなく終了できたことを喜び、安堵した。同時にそれは、新たな業務が始まった瞬間でもあった。

新病院での体制

翌年、看護学校も併設された。これは看護の質向上への第一歩として、院長のたっての希望だったと聞き、それが叶ったことが嬉しかった。

スタッフも新病院での業務に新たな気持ちで臨んでいる様子で、多忙の中でも明るく、機敏な動作を頼もしく思った。それどころか、自分の部署が落ち着くと、隣り合わせの病棟に必ず声をかけ、忙しくしていると、そのまま看護援助を行い、状況が落ち着くまでは誰も帰ろうとはしなかった。

このような協力し合える任務を可能としたのは、各々の主任の連携によるコミュニケーションのお陰であったことは言うまでもない。

当時勤務していた病院にて

そんな中で私は時折、つい感情的になってしまうこともあったが、主任は私の表情を見て手を差しのべた。そのおかげで、落ち着きを取り戻した思い出は、今でも忘れられず、感謝している。

その後、私は看護学校の非常勤講師を兼務することになった。

平成八年には海外研修へ参加し、米国と日本の医療と看護についても学ぶことができた。スタッフも院内、院外にかかわらず発表や研修にも参加し、多忙な中でも看護の質向上に積極的な時期を過ごし、全体に活気に溢れていた。

そして、平成十一年一月、私は無事に定年を迎えることができ、病院開設当時から院長先生、看護部長をはじめ、職員の方々にはご配慮いただき、感謝の気持ちは今も忘れない。そして、各病棟のスタッフとの別れの際には淋しさ、悲しさ、つらさが湧き上がり、涙が止まらなかった。帰ってからも記念品を開けてまた泣いた。

最後に記念撮影の写真を撮り、色紙の寄せ書きや思い出アルバムまで作成していただき、それらは今もお守りとして自室に飾り、アルバムをめくっては思い出しながら私の生きる糧となっている。

副院長の訃報

しかし、それから間もなく、同月末に副院長の一人の訃報が届いた。仮通夜であったがいち早くスタッフとともに参列させていただいた。

奥様の悲しげなお姿に言葉もなく、顔を下に向けていると、声をかけてくださった。「今年に入ってからは、好きな花を見せるのも最後、歩けるのも最後、行動ひとつひとつがすべて最後かと思うと、悲しくてしかたなかった」とおっしゃるその言葉に、私たちも耐えきれず嗚咽してしまった。

当時の日記を読み返し、また泣いた。

一月二十九日、盛大に葬儀が行われた。病院のために、患者さんのために、院長、職員とともに医療に専念された生涯で、六十五歳という早すぎる別れであった。

院長も気落ちされ、悲しみに暮れていたが、後に副院長を偲ぶ会が院長より提案され、奥様を招待して、職員もほとんどの方が参加、ホテルで色々な思い出を

退職する際にもらった寄せ書き

語り合い、和やかな雰囲気で、奥様も喜ばれていたようで、嬉しい思い出になった。

その後、副院長の記念樹が植樹され、二十年経過した今も病院の斜め前に颯爽とそびえ立ち、病院を見守っている。この記念樹も院長の希望であったことを耳にして、やはりと思った。皆、その心配りに心を打たれ、納得していた。

病院退職後の学び

病院を退職した後、私は病院の関連施設である老人保健施設へ継続勤務することになった。

また、この頃、私はＮＨＫ学園の通信教育を無事卒業することができた。主人も喜んでくれて、ささやかな二人の会食をした。その時、放送大学も受けてみたいと資料を見せたが、今度は返事がなかった。今も資料だけは大切に保管しているが、主人の判断は正解だったと感謝している。

当時、阿蘇青少年交流の家でのスクーリングは学生として最後の学びとなり忘れられない。

続く別れ、募る寂しさ

最愛の弟、そして父との別れ

平成十二年、介護保険制度が発表された。主任や相談員は施設に慣れていない私のために、色々と配慮していただき、皆さんとともに活気づいた日々を過ごすことができた。

そんな中で平成十三年十月、最愛の弟が他界した。土木科を卒業し、ダム建設や橋の設計などの責任者となったため単身赴任が多く、一生懸命務めていたが、定年目前の旅立ちであった。

電話を受け取った時は、立っていることもできず座り込み、悲しみよりも苦しさが押し寄せ、涙でしばらく立ち上がることができなかった。

後に母から耳にした言葉であったが、弟も私ほどはなかったが、父から冷遇されていたようだ。就職先も弟の希望する会社ではなく、父の希望する会社への就職となったとのことだった。母はあの時、弟の希望を叶えるために強く言っておけば良かったと何回となく口にした。

そして、父も弟へ詫びるが如く、翌年、妹夫婦に見守られ旅立った。その表情は穏やかそのもので、母とともに感謝を伝え涙した。葬儀後は、母も亡くなってみると淋しいと言い、納骨が終わるまで我が家で弔うことを弟たちにお願いした。

それからしばらくすると、母も落ち着き、私もほっとした。

父の遺品にあった５つの勲章

父の遺品

父の遺品の中に、勲章があった。それは昭和十一（神武天皇即位紀元二五九六）年七月に宮城で賞勲局総裁の下條康磨様より授与されたもので、表彰状と勲章をいただいていたのには驚いた。

父は当時二十三歳である。そうすると紀元二六〇〇年の祝賀の四年前にすでに受賞していたことになる。昭和十二年に尋常小学校に入学した私の先輩の話では、祝賀は五年生になった時に行われたそうだ。学校でも盛大に祝われ、五番まである国民歌「紀元二六〇〇年」を歌ったことは忘れられないと言っていた。

当時の日本は戦争に勝利していた時代だった。そういえば私もその歌詞をとびとびながら記憶している。「金鶏輝く日本の……紀元は二六〇〇年ー、アァー一億の胸はなる」といった歌であったと思う。たしか母か叔母に教えてもらったような気がする。夜、桃太郎の歌とともに歌ってもらった子守歌だったかもしれない。

遺品の勲章は従軍記章の他、なぜか戦後の昭和二十一年に日本赤十字社から授与された記章などもあり、古い箱の中に全部で五個のメダルが収められていた。

私はそれらを見て、神武天皇は初代の天皇であったこと、そして建国記念日が二月十一日であることを改めて認識した。毎年カレンダーに刻まれ、日本の歴史の重みとともに脈々と受け継がれている、記念すべき日である。

心に陽が差し込む

日本のために尽くした父であったことを知った。一方で社会的にそれなりに立派に成し遂げた父がなぜ、私が看護の道に進むことに反対したのかという疑問も残った。

しかし後に父の真意を耳にした。

それは十年位前に父がバイクで転倒し、頭部打撲や骨折などの傷を負って入院した時だった。事故の一報を受け、私はすぐ見舞いに行った。

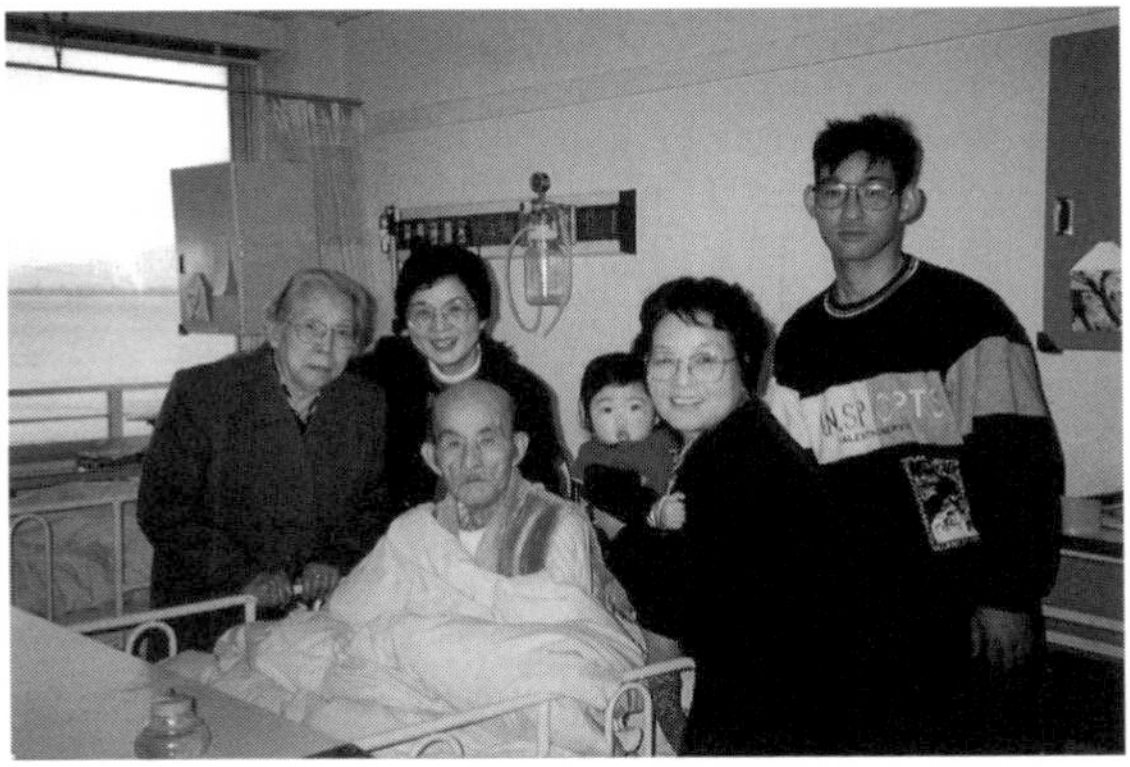

母、妹、次男、孫と父の見舞い

その後、退院した父を見舞った時には表情は柔らかくなっていて、今まで見たこともない笑顔にほっとした記憶がある。話の内容は憶えていない。母によると、私が帰った数日後に、「あの子を看護婦にして良かった、良い子だ」としみじみ言っていたそうだ。

それを聞いた母は「貴女の看護の道は祖父ちゃんが作ってくれたものなのに、何を今さら」と思い、すぐには返答できなかったそうだ。「やけど、お父さんのその気持ちを大切に受け止めて頷いたよ」そう続けた母の言葉に、私は長い長い道程ではあったが、曇り空に陽が差し込んだような気持ちになった。そして母は「お父さんは、こうして無事退院できたけん、旅行にでも行かんかと誘ってくれたけど、どうしても返事ができんかった。今思うと申し訳なかった」と、しみじみつぶやいた。

その後、私も定年後に再就職していた施設での任期を無事に終えたが、関連施設の看護学校の教師が研修で不在ということで、非常勤として勤めることになった。当時の副校長になにかとご配慮いただいたことは、今でも忘れることはできない。

冷雨の降る夜

平成二十年十二月、その日は冷雨がシトシトと降り続いていた。主人は勤めの帰り、どこよりお気に入りの店に立ち寄った。親しい仲間も来ていて、明るいママの配慮で友人とお酒を飲み交わしたあと、いつものように自宅の迎えの電話が鳴った。

主人と出かけた紅葉狩り

早速出発し、お店に到着すると、主人は既にママと親しい友人とともに玄関前で待っていて、車に乗り込むと手を振り、「じゃあ、忘年会でまたね」。その言葉を合図に雨の中、車を出した。

その二、三分後くらいだったと思う。

信号が赤になり停車していると、主人の膝の上からカバンが滑り落ちた。眠っているのかなと思い、落ちたことを知らせると拾い上げたが、次の瞬間、また落とした。これは何かが起きているのではと悪い予感が頭をよぎった。

信号が青になると、とりあえず路肩に停車し、呼びかけたが下を向いたまま返事がない。すぐに異常を察知して家で待っていた息子の嫁に連絡し、救急車を呼んでもらった。駆けつけた嫁が運転席に座り、私が主人を支えていると救急車が到着し、搬送となった。

救急車の中で「ベッドが狭いね」と注文をつける主人に、私は「あぁ、わかってくれた」と少し安心した。

搬送先は私が十年ほど前まで勤めた病院だった。

顔見知りの方もいて一安心。宜しくお願いしますと伝え、主人を励ましながら、検査に行く姿を見送った。まさかこれが最後になるとは思いもしなかった。

子供たち夫婦、孫と妹弟、主人の甥夫婦、姪も心配しながら待機していた。

しかし、願い叶わずその三時間後、二十三時過ぎに帰らぬ人となった。

心筋梗塞であったと伝えられた。あまりにも急な出来事でしばらく受け止めることができなかった。子供たちや妹たちも衝撃を受けていた。私も悲しみながらも皆の慰めに支えられ、何とか立ち直ることができた。とにかく病院に家へ連れて帰りたい旨を伝え、許可していただき無事に帰って来た。

その夜は二部屋を開放して、子供たちの家族、妹たち全員で枕経の後、一夜をともにした。

翌日の夕方、通夜のため自宅を後に式場へ向かったが、二度と帰ることのない主人を見て涙がこぼれた。

そして、その翌日、多くの方々に参列していただき葬儀を行った。

帰ると、母が私の顔を見るなり泣き崩れ、「自分と代わって欲しかった。私が家に来てからも変わらん優しさで、気持ちよく生活させてもらっとったとに神様はおらんとかね」と何回も何回も言っては涙していた。慰めても慰めても、なかなか立ち直ることができなかった。

続く悲しい出来事

私も主人を失い暗い日々を過ごしていたが、さらに悲しいことは続き、約三十年間勤めた病院の院長の他界の知らせを受けた。平成二十一年五月であった。

昭和四十年十月の病院創設以来、四十五年間、約半世紀という長きにわたってその礎として昼夜を問わず、ただひたすらに地域の方々とともにあり、医療の提供をするという理念に沿って貢献された院長。その旅立ちに、全員が悲しさとつらさ、そして儚さが身にしみて、お互いに顔を合わせて涙が止まらなかった。

葬儀場に到着すると献花が出入り口を埋め尽くし、生前に花を好まれた院長の人望に相応しいと職員と語り合った。式場に入ってお参りをさせていただき、ふと顔を上げると、祭壇に勲章が飾られていて驚いた。

これは式が終了してすぐに耳にしたことだが、生前、院長は皇居で天皇陛下より直接叙勲され、励ましの御言葉にしっかりと応えられていたそうだ。救急病院として地域医療に貢献され、患者さんや職員に対する献身的な姿勢を想うと、いただくべき方がいただいたと皆で語り、喜び合った。

その後、一周忌、三回忌、七回忌とお参りをさせていただいた。

また、同年には物心ついた頃から常に私に目を向け、助けてくれていた叔母が他界し、悲しみに暮れ、叔母の子供たちと手を取り合って反対に慰めてもらった。

不幸な出来事はさらに続き、六十年ほど前に勤めていた病院の院長先生が十月に他界され、葬儀に参列させていただいた。院長とは平成十九年に四十年近く続いていた同窓会でお逢いしたのが最後となり、当時の笑顔を思い出し、寂しくなった。

二人の院長先生との同年内の別れは悲しみが尽きない。

一周忌、三回忌、七回忌と、お二人へのせめてものお礼と感謝の気持ちを込めてお参りをさせていただいた。

感謝を込めて

母と叔父の約束

平成二十年暮れには主人の他界、二十一年には叔母との別れ、そして五月と十月は二人の院長の旅立ちで、この二年は悲しみの深い忘れられない年月となった。私もその後、寂しさが日増しに強くなり、気力が落ちてくる自分に気がついた。

母も同様に主人の死に落ち込み、「お義母さん、お義母さんと親しく呼んでくれて、機嫌の悪い表情など見たこともない、あんな良い人が早く死ぬなんて……」と泣きながら、私も長生きし過ぎたと悔やんでいた。

六人兄姉弟《きょうだい》だった母も今は弟と二人残されてしまった。弟の純白の軍服に帽子をかぶった凛々しい海軍時代の写真を見ては、「あの頃は、あの日は……」と語り、姉たちとの楽しかった日々を思い出しては話していた。

私もこのままでは二人とも潰れてしまうのではと感じ、今まで年賀状と暑中見舞いで互いの元気を確かめるだけだった叔父と、電話で話すことを勧めた。すると、「そうやねー、話してみたいね。声も聞きたい」と嬉しそうな言葉が返ってきた。

早速電話をすると母の喜びは想像以上で、話は次から次へと昔の話まで遡り、普段は小さい声の母だったが、弟との会話ではもうびっくりするような大声だった。二人とも耳はまだ確かだったはずなので、その様子に私の嬉しさも倍増し、母もすっかり元気を取り戻して笑顔が戻ってきた。

それからも二人は定期的に電話して喜びあっていたが、ある年の年賀状にゴルフと詩吟を趣味にしていた叔父が詩吟で優勝してメダルをもらったことや車の運転もしていることが自筆で書かれており、感動した母は「弟に逢いたかね、メダルも見たかし、車にも乗せてもらいたか。何とかならんやろかねー」と声を弾ませていた。

そのうち、叔父からも逢いたい、何とかして欲しいと私にも連絡が入った。車椅子生活になっている母を逢わせるにはどうしたらよいのか悩んだが、とにかく母と叔父の希望を何とか叶えたい一心で、思い切って叔父に直接相談してみることにした。すると想像していたより快諾してもらい、嬉しさのあまり母に伝えると、涙ながらの大喜びだった。

そして四月頃に逢おうと予定も立ててくれた。私も懐かしい母の実家へ行ける喜び、叔父叔母と逢える嬉しさで心もウキウキ、待ち遠しく感じていた。

しかしその日が近づくにつれ、母が九十九歳という高齢であることに一抹の不安を覚え始めた。

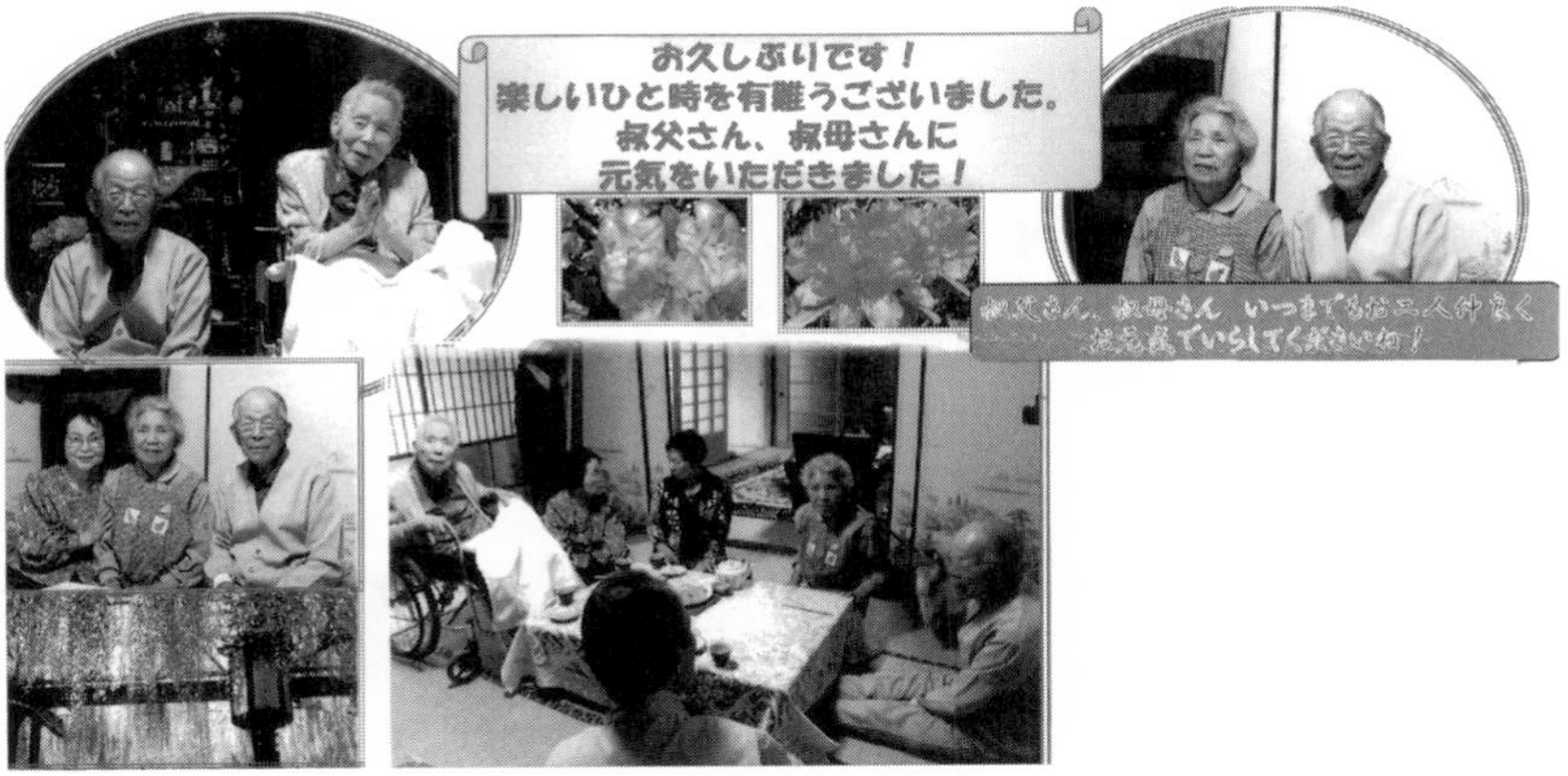

楽しいひと時

福岡から大分までの長距離、果たして母は耐えられるだろうか。心配の日々が続いた。しかしこれは母と叔父の意志であること、そして母の笑顔を見るにつけ迷いは少しずつ消えていった。

今こそ二人の気持ちに寄り添いたい。私は看護師、何とかする。自信を持って行動すると決めた。

そして四月を迎えた。当日は車に車椅子ごと乗せてもらい頑丈に固定して、弟夫婦、妹、私と息子、孫で出かけた。心配をよそに母は笑顔で話せるほどに元気で、無事到着したことにひとりほっと胸をなでおろした。

玄関先まで元気に出迎えてくれた叔父夫婦は九十代とは思えない若さで、母と叔父は下車と同時に手を握り合い、その再会を拝みながら喜んでいた。そして車椅子ごとどうぞと促され、大広間に案内してもらった。話のつきない楽しい時間であった。

母の 100 歳のお祝い

その後、母は優勝メダルを首にかけてもらってとても喜び、その姿を写真を趣味とする妹が記念に撮ってくれた。

再会を約束し、何回も何回も手を握り合い、手を振りながら帰路についたが、行く時以上に母は元気で、冥土の土産になったと喜びを語った。帰りはあっという間に我が家に到着し、案ずるより産むが易しと言っていた祖父の言葉を思い出した。

翌年には、母は百歳を迎え、元気なうちにと弟からの肝いりで今度は五月に再会が実現した。

それぞれの人生を歩む息子たち

ふり返れば、息子たちもすっかり成長して、長男も定年近くになっていた。

ホテル事業に参画して、多忙ながらその表情の明るさから、やり甲斐が見てとれる。オリンピックの年に生まれたので来年五十六歳。二回目のオリンピックを迎え、主人が記念に買ってくれた大切な記念硬貨、それを他界した主人の代理で渡したいと思っている。

次男はサラリーマンで、三十代後半に管理職の推薦があったが、自分には向いていないからと断ろうとしていることを嫁から耳にした。その時は嫁も私もせっかくだから受けるように勧めたが、どうしても自分には管理職は馴染まないと、最終的には断った。後に私は嫁から「本人が決めたこと、仕方ない、もういいですよ」と反対に慰められた。有難いと思った。

今も一般社員として頑張っていて、後輩からよく相談を持ちかけられ、「今の状態が一番いいみたい」と嫁が言っていた。「やっぱり、自分のことは自分が良く理解しているのかもしれんね」と、笑いながら話した。

学生時代は吹奏楽部でトランペットを吹き、社会に出てからも続けていたが、今はなんと休日には空手道場に通い楽しんでいるとか。子供から大人まで和気あいあいとした雰囲気も楽しいらしい。

末っ子は三十代後半に周囲の方々の協力もあり、会社を立ち上げ経営者となった。大手の会社との契約も決まり、多忙は有難いことだと、活気がある毎日を過ごしている。

ある日には、妹と私を昼食に誘ってくれ、楽しい時間を過ごした。帰りに「体だけは気をつけて、無理したらいかんよ」と伝えると、「心配は有り難いけど、自分の体のほうこそ気をつけなね。でもこれはお袋の職業病やね、もうこの言葉は一生治らんやろうね」と笑った。

その後、息子は年齢差のある兄たちについて、「定年後は僕の会社に頼んで、安心して来てもらえるようにしておきたいねー」とも言い、我が子ながら、成長したその言葉に胸が詰まった。

「負うた子に教えられる」。祖父のことわざを思い出した。

嫁への感謝、友人の有り難さ

それぞれの嫁にも感謝しかない。何より私を喜ばせてくれるのは、彼女らの器用さである。私の不器用さを不憫に思った神様が願いを叶えてくれたのかもしれないと思うようになった。トートバッグやポシェット、化粧入れ、壁飾りなど、数多くの手製の作品が我が家を彩っている。

私の妹弟、主人の姪、叔母の娘へ

弟は法律家として事務所を持ち、嫁や事務の力を借りながら長年頑張ってきた。今は息子が後継者となっている。

妹も、定年後は好きだった書道を趣味として楽しんでいる。

早くに他界した弟の子供たちも成長し、弟嫁や近くに住んでいる孫たちと嫁ともども、幸せな報告を受けるのが何より嬉しい。母の生前もひ孫を連れて、遠い千葉から家族ぐるみで来てくれて母も大喜びし、長男も喜んでいるだろうと涙していた。昨年の母の一周忌にもお参りしてもらい感謝しかない。

主人の姪は毎年、主人の勤めていた会社のカレンダーと花を持参して、必ず仏前に備えてくれて感謝している。喜びのひとときである。

私が小さい時に必死に守ってくれていた叔母の子供三人は、そのことを知ってか知らずか、毎年年賀状に書かれた自筆の優しいひと言が叔母を思い出させてくれる。

支えてくれた方々

また、身内同様に、半世紀以上にわたり、私に関わっていただいた方々にも感謝を申し上げたい。おかげで救われ、励まされ、時には注意も受け、生きてこられた。

その中の一人に、昭和三十年、皆苦労しながら勉強がしたいと准看護学校に通っていた頃、病気で倒れた家族を介護しながらともに学び、親しくなった友人がいる。彼女は卒業後に上京してさらに大学病院の看護学校で学び、大学病院で管理職となった。その後は定年まで勤めあげ、看護一筋に献身し、独身を通した。

中学校の同窓会（後列右端）

また十八歳の時、療養所で出逢った姉妹も結婚され、距離は千葉で遠くなったが、六十年経った今も親交が続いている。

お姉さんのお子さんは学校長となり、妹さんのお子さんは医師となり、大活躍されて、電話で話し出すとお互いの近況報告などで、一時間を過ぎることも少なくない。

一方、中学校の同窓会は、年齢とともに幹事役の選任も難しくなり、三年前に今後のことも含めて皆で話し合い、喜寿を迎えた年でもあったことから、全員が納得し同年が最後の開催となった。

いつまでも気持ちは若いと思っても時は過ぎ、これからは喜びよりも悲しいこと、寂しいこと、つらくなることが増えていくのではと思うと、区切りをつけることの大切さもひしひしと感じさせられた。皆さんそれぞれが思い出深く、良き友に恵まれた幸せな七十年余りであった。

広瀬淡窓先生と小・中学校の同級生

小・中学校の同級生に、定年後も教育に携わりながら執筆活動をされている方がいる。

その方は、平成十一年に大分県の近代地方政治の実相を五八〇頁にわたる長編として発刊、また日本一の私塾を作られた教育の達人、広瀬淡窓先生についての書籍も執筆されている。私も陰ながら誇りに思い、二冊の著書は今も大切に保管し、この文章を書くにあたってじっくりと読み返し、その素晴らしさに改めて感銘を受けている。

広瀬先生は教育者であると同時に漢詩を愛され、一日に百首もの漢詩を作られるほどの熱い心に周囲も驚いたという逸話がある。

私たちの学校では宮沢賢治や石川啄木の詩の暗記の他、広瀬先生の漢詩も勉強しており、その中の何首かを暗記した記憶がある。八十歳を過ぎた今、思い出してみると自然に声が出て、その中の一首をしっかりと詠みあげることができた。嬉しくなって妹へ当時のことを確認すると、あっと言う間に詠みあげてくれた。

私が暗記しているくらいなので、今でもきっと同級生のみんなも記憶しているだろう。詠み合いをしてみたいなあと思った。昔からこの学校は教育にも運動にも熱い学校だと聞いていて、指定校に選ばれていたことも耳にした。以下憶えていた漢詩の中の一首を記してみたい。

道《い》うことを休《や》めよ他郷　苦辛多しと　同袍友有り　自ずから相親しむ　柴扉《さいひ》暁に出ずれば
霜雪の如し　君は川流を汲め　我は薪を拾わん

皆がいかに広瀬先生の漢詩に興味を持っていたかである。笑顔で大きな声で暗唱していたあの頃が急に懐かしくなった。広瀬先生の本を著した同級生も年来を地元で過ごし貢献されていたからこそ、先生を尊敬し筆を執られたのだろう。私たちは九年間、大変な時代をともに学んだということもあり、その活躍をいつも誇らしく感じていた。

それからも一息つくこともなく様々な活動をされていたが、二年前の暑中見舞いで、「今生を必死に生きて　蝉泣ける」との返信をいただき、お互いに寄る年波には勝てないと寂しく思い涙した。

翌年は母が旅立ち失礼続きであったが、昨年暮れに奥様より同級生の訃報の連絡があった。その時の驚きと悲しさは受け止めることができず、手が震えた。

一昨年、今回の私の執筆にあたり二冊の著書の紹介を快諾していただいたばかりのことでもあり、つらい日々が続いた。

すべてに感謝

看護学校の同窓会は年齢差もあり、若い方が積極的に引き受けて続いていたが、それも徐々に引き受ける方が少なくなってきた。現役時代の各病棟の同窓会も続いているが、この三年間は休止状態である。

また、親しくさせていただいている友人がご主人の定年をきっかけに阿蘇の山頂に家を建てられた。毎日を満喫されている様子は伺っていたが、ある日には数人の友人とともに招待を受けてお邪魔させていただいたこともある。

こうして八十歳を過ぎて久しい今、ふり返ると家族や皆様方のひと言ひと言に救われ、励まされ、勇気をもらって、多くの反省もあるが、すべてが感謝となって生かされ今があること、そのことが改めて身にしみた。この年齢になり、やっと自分に向き合うことができた気がする。

阿蘇にてバーベキューを楽しむ

祖父からもらった言葉

ここで祖父から教わったことわざや教訓となる言葉を紹介させていただきたい。今また懐かしく、しみじみと七十年前が思い出される。

・人はオムツに始まりオムツで終わる
・人生、忘れてはならないことは志
・志高く腰低く
・一寸の虫にも五分の魂
・一円を笑う人は一円で泣く
・楽あれば苦あり、明日は我が身か
・為せば成る為さねば成らぬ何事も
・意志あれば道ができる
・我慢するのも成長のうち

祖父は几帳面でおしゃれで、匂いのするポマードを髪につけ、必ず外出時は背広を着用し、そのほとんどがお寺参りであった。威厳ある表情から時折見せる笑顔が大好きで、懐かしく甦る。折角の言葉もすべてを実行できた訳ではないが、今でも心に染みついている。書き出したらきりがなくなった。

ふり返ると何か迷い、問題があるとこれらの言葉を思い出し、しかしまた忘れての連続だった気がする。

曾祖母の生きた時代から

一本の物差し

数々の想い出に心を馳せながら書き続けてきたが、それもいよいよ終わりを告げようとしている。母の遺品整理も最後の段階に入り、ゆっくりまとめにかかったが、その中に色褪せた和紙に包まれ、大切に保管されている品を見つけた。開けてみると、曾祖母のものと思われる五〇センチ物差しであった。裏には、曾祖母の名前とともに「祝八十八歳」と墨字で丁寧に大きく書かれていた。還暦のお祝いと以降の年齢の節目には祝いの品として長いもの、たとえば帯や帯締め、物差し、バンドなどを贈る習慣があることは耳にしていたので、すぐに納得した。

私は物差しを見た途端、曾祖母との出会いを思い出した。

前にも述べたようにそれは自宅の庭でのことであった。私が五、六歳の頃だったので、曾祖母はその時すでに八十八歳を超えていたことになる。

そう考えると曾祖母の生い立ちや誕生のことが気になり、当時は果たしてどのような時代だったのだろうかと興味が湧き、辞典をめくってみると、なんと江戸時代であった。逆算していくと安政五（一八五八）年前後の誕生が考えられた。

その後、当時の生活状態なども知りたくなり調べていくうちに、ついには曾祖母のことを調べるという本来の目的をすっかり忘れ、その時代背景を調べることに夢中になってしまった。

混迷の時代

当時は安政の大獄、桜田門外の変が起こった頃で、井伊大老や吉田松陰など今も歴史に名を残す人物の生きた時代である。また、この頃には渋沢栄一も上京し、すでに政治への関心を持ちはじめていたと思われる。私は、悲惨極まりない時代であったことに驚き、そのつらさが胸にこみ上げた。

その後、文久三（一八六三）年には、薩英戦争が起き、同年、新選組が結成され、翌年は池田家騒動も起きていた。当時、曾祖母は五歳前後と思われる。

日本は内外を問わず想像を絶する混乱の時代にあった。そして慶応三（一八六八）年、王政復古となり江戸時代に幕はおろされ、明治時代を迎えた。

その後、国内では明治十（一八七七）年に西南戦争が勃発し、それからの日本は外国との戦争に舵が切られていった。

明治二十七年、同三十七年と戦争が起こり、曾祖母の三男である祖父が出征し、私が小学校高学年の頃、戦地の様子やそのつらさ、悲しみに耐えてきたことを直接聞いた。頓知が利いた祖父は、時には真剣な顔、時には笑いあり涙ありで、私の表情に気を遣っていたのか話し方を変えたりしていたので、今ふり返ると配慮しながら話してくれていたのだろう。

二冊の写真帳

その後、第一次世界大戦に端を発する戦争に曾祖母の孫である父が初めて出征した。私が父の出征を知ったのは前述の通り、父の遺品にあった勲章や従軍記章からである。

また、父の遺品として戦地の写真帳二冊も保管されていた。このことは以前から知っていたが、当時は珍しいと思いつつも特別な思いもなく、パラパラとめくっただけだった。

今になって父の当時の年齢を調べてみると、思わず息を呑んだ。それは大正三（一九一四）年生まれの父が十七歳の出来事であったということだ。曾祖母はすでに七十三歳前後になっていたと思われる。

見たことも聞いたこともないであろう外地へ、いきなり赤紙一枚の召集令状が届き、心構えすらさせてもらえず、日を待たずして出征しなければならなかった。当時十七歳の少年だった父は、どんな気持ちだったか。きっと祖父が納得させたのだろうという考えが頭を駆け巡った。

祖父はよく、「お国のために命を落とすことは名誉で美徳」と言い、私も忠誠心の意味について何回となく聞いた憶えがある。それでも、わずか十七歳の少年が父の教えを胸に戦地へ赴く。見送る曾祖母と祖父、見送られる父、三人の胸中はいかばかりであったかと思う。量り知れないほど悲しく、つらい別れではなかったか。

私の目からとめどなく涙がこぼれた。当時は当たり前のことだったかもしれないが、胸が痛くなり、もうこれ以上、このことを書き続けることはできないと思った。

風化させてはいけない

それから数カ月が過ぎ、しばらく母の遺品の整理に目を向けていた。

心の整理をしながら、それでも再び書いてみようと思ったのは、曾祖母、祖父母、父母の供養をし、せめて冥福を祈らせてもらおうという思いが頭をよぎったからである。そして、そう心に決めると、しっかりしなければという気持ちが少しずつ芽生えてきた。

我が家の歴史を記すことは戦争の様子を記すことになるという思いもあった。末の弟も戦後生まれで、子供や孫たちも教科書や映像、新聞などで見聞きするしかなく、それは一時的には記憶に残るかもしれないが、やがて風化していくのではと危惧した。

ふり返ると戦中戦後の混乱を経験してきた私でさえ、そうであることに気づいた。これから子供や孫へ世代交代していく中で、やはりこの過去の出来事は大切で、絶対風化させてはならない。当時、辛苦の中を生きてきた方々へ、せめてご冥福を祈りつつ書かせていただきたいと思った。

戦線写真帖

それでもすぐには机に向かうことができず、父が残した二冊の写真帳を今度はゆっくりと、文字にも目を移しながらめくっていった。

一冊の写真は印刷されたもので、表紙には戦線写真帖と書かれ、上部にはカラーの日章旗と日の丸、下部には零戦と思しき飛行機が掲載されていた。

まずページをめくると従軍画家による爆撃の絵が載り、次に第三艦隊司令長官の写真と旗艦出雲と書かれた、それは大きな軍艦の写真が掲載され、その威容が見てとれた。その後は戦車などの兵器や戦闘活動、爆撃の様子などの写真、さらに敵地上陸前に上司から訓示を受けている若者たちの写真があり、上部には無敵空軍と書かれ、飛行機が掲載されている。

「19 人の勇士とともに」と書かれていた写真（前列左から２番目が父）

整列させられた若者の表情をしばらく見つめながら、この方々の両親の気持ちが胸に迫ってきた。二度と祖国の土を踏むことのないことを理解しながら、最後の訓示を受け止めているであろう若者の心中を察すると心が打ちのめされた。

そして写真帖のあとがきには、この写真の大部分を撮影された方が胸部に貫通銃創を、また爆撃時にはその破片を脚や頭部に受けながら、まさに命がけでの撮影されたことも書かれており、私はつい頭を下げて両手を合わせ、お礼を述べずにいられなかった。

モスグリーンの写真帳

もう一冊は父の名前入りの個別の写真である。表紙はモスグリーンで当時ビロードやベッチンなどと言われていた柔らかい織物で、上部には刺繍で縫い取りされた金色の星印、その下には両衿部のみ、赤地に金で縁取りされた刺繍が施されている。

立派な表紙だと思った。ページをめくると、やはりまず関東司令部閣下、関東大佐や大隊長、幹部の写真が掲載され、胸には勲章がずらり。太刀なども持たれて、特に閣下と書かれた方の胸には大小様々な勲章とたすきもかけられ、肩にも腕にも縄編みの飾りが施されていてその豪奢さに驚いた。服装からも一目瞭然でわかる上下関係に、当時父らが最も尊敬していた方々の凄さをすぐに見てとることができた。

日赤のマークが入った白衣を着て（前列右端が父）

また、そうした方々の指揮のもと戦争に命をかけている様子も目の当たりにした。日の丸の旗や銃を持ち、国境や陣地を守る兵士たちが何枚も写されていた。

銃を持った訓練中の少年兵の集団、鉄砲の先に槍らしき刃がついた銃を持ち戦う若者の姿も写され、そこには父の文字で「討伐中の我が部隊」とあった。他にも、「警備の皇軍　湿地で苦しむ〇〇部隊」と書かれた写真もあり、その光景は痛々しくつらい気持ちになった。

「十九名の勇士とともに」と父の字で書かれた写真では、父は「警」の腕章を左腕に付けていた。入院中の兵士の写真もあり、みんな日赤のマーク入りの白衣だった。負傷された方や病気の方を可哀想にと丁寧に見ていると、杖を持ち、病衣を着て帽子をかぶって写る父を見つけ、アッと震えた。もうびっくり仰天した。父が入院していたという話は全く聞いていなかった。そして後ろの壁には小倉陸軍病院と書かれ、さらに驚いた。入院中の方は皆、星印のついた帽子をかぶっていて、普通の帽子とは明らかに違うそれは、何だか特別なもののように思えた。

療養中の友人とともに（左が父）

壮絶な時代を何とか生き抜き、回復後、またも戦地へ赴いた父にお詫びとお礼の言葉を伝えた。

そうしてページをめくっていくと、療養中の父の友人の短歌と写真が目に留まり、ハッとした。

「病めるとも　想いは同じ　ますらおの　銃をとる日ぞ　如何に待たる」

父より若く見えるので十代ではないかと思う。当時の少年の意気込みが感じられた。父が尊敬していた友人だったのかもしれない。すべては国のためと、入院中ですら命を捧げ戦い続けたいと訴える若者の純粋さが心に痛々しく響いてきた。

七十余名の同志の個別写真と集合写真もあった。

信頼し合い、深い深い絆で結ばれた多くの仲間。救い救われ、助け合ってきたからこそ、目的を一つに頑張ってこられたのだろうと涙に暮れた。

その後も父と仲間の写真にゆっくりと、そして何度も目を通した。

ある一枚は昭和十一年に外地で友人と二人で写ったもので、「二十二歳」と父の字で書かれていた。いずれも印刷ではなく一枚一枚現像されたもので、何だか魂が宿っているように感じた。

戦争が落とす影

この後、父は復員して、結婚しているはずである。私が生まれた昭和十四年一月、父はすでに出征しており、私の誕生を見ることはなかった。このことは物心ついた頃に耳にしていた。「応召二十五歳」と父の字でしっかりと書かれていた写真もあった。

その後、再び復員して妹と弟が誕生。しかしそれから間もなく、太平洋戦争が激化し日本が危機的状態を迎えていた昭和十八年、父はまたも出征した。三十歳頃と思われる。

私も五歳ほどになっていたので記憶に残っている。列車に向かって、お父さんが乗っているよと旗を持たされ、大きく振りなさいと言われて、庭先から左右に力の限り振った。母が泣いているように見えたのが悲しかった。

こうして何回となく出征、復員、応召を繰り返し、言葉の少ない父は、出征のたびに今度は会うことはないと言い切っていたが、子供はしっかり育ててくれと涙を見せて戦地へ向かったこともあったと私は耳にした。都度、死を覚悟して出征した父が改めて可哀想になり、表す言葉が見つからないほど、切ない日が続いた。

今こうして曾祖母の時代からふり返ると、日本と外国の戦争は薩英戦争に始まり、太平洋戦争の終結まで断続的に続いた。この悲惨極まりない出来事を耐え忍び、生きてこられた先人を思うと、苦しさが続いた。

八十二年間に何回も起きた戦争を誰も止められなかったのか、単純な私は心の底からそう思った。

曾祖母がつらい日々を忍耐強く生きたことも垣間見えてきた。

男五人、女一人の六人の子供をやっとの思いで育てあげた曾祖母は、次から次へと召集令状を受けると、すぐさま我が子を戦地へ見送らなければならなかった。

今生の別れとなるかもしれない息子の出発時であっても「元気で暮らしてください、後のことは宜しく」というわずかな挨拶しか交わすことができなかった。今後、故郷に足を踏み入れるのは恥と自分に言い聞かせて戦地へ行ったことを祖父からも耳にしていた。

そして、私が三十歳前後、二人の男の子を育てていた頃だったと思う。戦争時代の話になった時に誰かが言っていた。

「主人を見送る時は当然のことだと覚悟した別れで、涙もなく冷静に見送ることができた。しかし、子供を見送る時はそんな覚悟も冷静さもなく、出発の時に子供の顔を見た途端に倒れそうになり、誰もいない家の裏口に座り込んで思い切り泣いた」

曾祖母か祖母の話を祖父が話してくれたのか、叔母から、はたまた母からか記憶に乏しいが、耳にしたのは確かだった。それがもし私だったら絶対にできない、耐えられないと悲しくなって泣いた記憶がある。

考えてみると曾祖母、祖父母、両親、そして私の幼少時代の頃も含めると四代に亘り戦争体験があることに気がついた。特に曾祖母の人生はその中にすっぽり入ってすべての戦争の体験者である。

国の内外を問わず、いかに悲惨な時代であったかと思う。

当時は一般的だったかもしれないが、出征のたびに死を覚悟し、それを見送り、見送られる。何度も極限状態に置かれた当時の方々は何を目的に、どこに生き甲斐を見い出して生きてこられたのだろうか。嬉しいこと楽しいことはあったのかと思いを巡らせた。涙しながら先人の生活を私なりに少しは理解できたような気がした。

何はともあれ当時を生きてこられた方々、またかけがえのない命を奪われた方々へは、ただただ敬う心で胸が一杯になった。

その後、数百万人とも言われる犠牲者を生んだ太平洋戦争も終結を迎え、日本国民は、心を一つに一体となり戦後の復興に取り組んだ。それからも国民はさらなる努力を重ね、高度成長へと繋ぎ、現在に至っている。

父の苦悩に触れて

こうして私は一本の物差しがきっかけで曾祖母の過去に興味を持ち、途中、当初の目的から脇道へそれたが、人間としての道、父の過去について改めて学ばされていることに気づいた。

不思議なことにこうして角度を変えて見ることにより、当時の状況や情景、言葉、表情など、今まで忘れていた思い出が次から次へと甦ってきた。

そして、人となりは正面からだけでは見えず、人としての深さなど幅広く思いやる必要があることに気づかされた。断片的な出来事は点と捉え、それを線へと繋いでいくことにより、その人なりの人生を理解していかなければならないと痛感した。

父にとって、その最たる出来事は私が誕生した時のことではなかったか。祖母は父が復員する一カ月半前にすでに他界しており、外国へ出征中の父は、もちろん知る由もない。復員して逢えるはずの母の旅立ち、そして私の誕生を同時に知った父。想像すらしなかった四十代の母の死に直面したその時の父の気持ちを思うと、どんなにつらかっただろうかと私の心にも迫り涙が止まらなかった。私を抱き上げる気持ちになどなれるはずがないと思った。あまりのショックから立ち直ることができなかったのではないだろうか。

その後、妹と弟が誕生したが、私を見ると当時の状況や心理状態が思い出され、整理がつかないままの感情の捌け口としていたのではないかとも思う。その証拠に私は父を怖いとは思っていたが嫌いとは思ったことがなかったような気がする。

私も心のどこかでそれがわかっていて、いつも父の手伝いをしようと、それなりに気を遣って行動していたのかもしれない。

そして一方で、父からはいつも「いらんことをせんでいい」と怒られていたことも思い出した。見かねた母からはその後、「おとうさんの手伝いはせんほうがいいよ。自分の気に入るようにしたいとやろうから」と言われたと思う。

そして私は卒業を間近に控え何かと悩んでいた頃に叔母の家を訪ねたことを思い出した。

詳しい内容は憶えていないが、叔母は「兄は一番の親孝行息子だったんやけどね。祖父ちゃんがいつも誉める欠点のない子供やったよ」と言った。私は言葉を返せず、アーそうだったのかと沈黙が続いた。叔母はしばらくして話題を変えたような気がする。

父のことを考えながら生活をしていた時に祖父からもらった言葉だったと思う。

「人の世は上を見たらきりがない。下を見てもきりがない。置かれた立場で我が身を結べ」

こうして今までもらった数えきれないほどの言葉、それぞれの遺品、写真に書かれた父の文字、語り継がれてきたこと。特に祖父、母の思い出は何回、何十回と思い出しては、そのたびに心打たれた。父が道ならぬ道を行こうとしたのも、過去をすべて忘れて再出発したかったからだろうか。それを知っていたから祖父も母も耐えていたのかもしれない。そういう思いが一瞬頭をかすめた。

八十数年を生きてきた自分をふり返ると、「自分の人生なんて」と思えるようになった。単なる甘えに過ぎなかったのではなかったかとも。

それでも母はことあるごとに私を不憫に思い、せめて小説に書き残したいと想い続けてくれた。自分の辛苦は心に封じ、私の過去ばかり気を遣った母の親心に胸が詰まりまた泣いた。

子供を自分の命より大切に思い、私をかばい、その上周囲の方々への気配りもしながら、人間関係を大切に生き抜いた母であった。

それは曾祖母の一件にも表れている。曾祖母は三男である祖父の家へ、しかも息子の嫁である母を頼りに人生最後の場所と覚悟して我が家に訪れた。その後の生活は忘れられない。おやつの時間だったか、饅頭をお盆に載せて落とさないように緊張しながら持って行った時、笑顔で頭をなでてくれたことも、かすかに思い出した。

ここにきて再び声の小さい母の姿、思いやり、優しさを思い出し、そのことに気づくのが遅すぎた自分が情けなくなった。今は私にとっては母は女性として母としての鏡だったのだとしみじみ感じている。

この物差しを通して曾祖母が私に語りかけてくれたような気がしてならない。「皆、良くも悪くも色々な体験を背負いながら生きてきたんだよ。貴女だけではないんだよ」と。まだまだ修業が足りないとも言われた気もした。

また、この回想が、最初で最後の学びとなったことにも、気づかされた。

人生はどこで何があるか、そしてどんな巡り逢いがあるか、その繋がりにより学ばされることを改めて思い、今では反省と感謝しかない。

坂本八幡宮にて

郷愁、そして新しい時代へ

令和の時代

ふり返ると曾祖母が誕生してから約百六十三年、終戦からやがて七十七年を迎えようとしている。

曾祖母や祖父、両親のみならず、当時の全国民は、ただ国のため、国民のためにと身を尽くされた。その後も一丸となった努力により、今の豊かな生活があると思うと、頭が下がる。

そして、今年、天皇陛下が退位される際、平成という時代は戦争のない時代であったと感謝の御言葉があった。しみじみと優しい口調で涙ながら幸せであったともおっしゃられ、令和の時代も幸せにと次期天皇へ託された。

私は戦争のことも含め、色々思い出すことの多い時期だったこともあり、その時の御言葉の重さと日本の象徴としての威厳のあるお姿がジーンと心に胸に響き、涙が止まらなかった。

この年の五月五日、太宰府にお住まいの友人から新元号「令和」ゆかりの地、坂本八幡宮への参拝に誘われ、喜んで同行した。

ここで「令和」の由来を少し説明しておきたい。

七三〇（天平二）年、大宰府の帥《そち》であった大伴旅人は「梅花《ばいか》の宴」を開催した。そこで詠まれた「梅花の歌三十二首」は万葉集に収められ、旅人によるその詩序「春令月、気淑風和、梅披鏡前粉、蘭薫珮後之香」から「令月」と「風和」が組み合わされ「令和」が生まれた。

そんな由緒あるお宮さんを訪れ、二時間以上の行列に並び、お参りして御朱印もいただき、生涯忘れられない記念日となった。帰りはご自宅に招かれ、夕食後に帰路についたが、その心配りに感謝し、涙が止まらなかった。

残してくれたもの

こうして令和を迎えた今、一本の物差しが私を人生の集大成へと導いてくれた気がしてならない。

もうこの物差しは元の場所には戻さないと決め、今は姪手製の多目的箱に好きな本と一緒に立てかけて毎日眺め、なでて、時には使っている。主人が義父の遺品を大切に使っていたこともあり、箱の中には義父手製の孫の手も受け継いでいる。
裏には義父の字で「自作」と書かれ、接着剤が少々多かったせいか、はみ出しているのが私をつい笑顔にしてくれる。義父と主人の仲の良さを思い出し、心和むひと時でもある。

また、妹が祖父が大切に使っていた大きな灰皿に観葉植物を入れてくれたので、棚の上に飾って楽しんでいる。母の衣類も年齢的に似合うようになり、着用している。私よりセンスがあり、品質も良く着替えを楽しんでいる。そして私の持ち物は一足先に終活へ、分別収集へ別れを告げた。

義父は私たちのことを想い、生前に鹿児島の金峰町の先祖の墓じまいを済ませ、今は太宰府のお寺に眠っている。また、弟も日田に眠っていた先祖の墓じまいをして、自宅より遠く離れた私と同じお寺を選び、隣り合わせに眠っている。嫁ぎ先の先祖、私の生まれ故郷の先祖を同時にお参りできる喜びは何ものにも代え難く、最高の喜びである。弟へは感謝とお礼を伝えたい。

郷里

もちろん私の郷里、生まれ育った日田のことは今も忘れられず、時折思いを馳せている。

美しい三隅《みくま》川、川開きの花火大会、川面に浮かぶ屋形船、祇園や秋の放生会、三月のひな祭り、杉の連峰、大原グランドでの地区大会への参加、そして母の故郷近くの花月《かげつ》川、我が家の下を流れる大《おお》肥《ひ》川、正に水の都、水郷である。その美しい天領日田には大切な叔父や叔母が今も静かに眠り、子供や孫、親子三代で守ってくれている。

故郷にある我が家は今も大肥川が流れる石垣の上に、ひっそりと建っている。それは三男だった祖父が分家して建てた家で、明治後期のものと思われる。父の姉がその時期に生まれたことからの推察である。したがって建ってから百十年前後経過していることになる。人手に渡ってしばらくはお食事処となっていたが、今は店主が高齢になられ、閉店していると耳にした。

三隅川に浮かぶ屋形船

そこには五年ほど前、千葉に住んでいる甥が結婚した際、お世話になった祖母ちゃんちに連れて行きたいと訪れたとか。懐かしくなって撮ったと写真を家に持参してくれた。

母も私もまったく思いもよらない出来事に、それはそれは嬉しさと懐かしさを覚え、その優しさに感動して涙がこぼれた。何回も何回もお礼を伝え、その心配りに感謝した。

その家から歩いて数分先には大きな老舗蔵元酒造がある。大正八年頃から日銀総裁から大蔵大臣を繰り返し務められた

日田の住んでいた家

方の生家で、同級生の生家でもある。

二〇一七年には九州豪雨で被害を受け、私も悲しい思いであったが、翌年四月に見事に営業を再開され、特別純米生原酒を両手に持った美しい笑顔の同級生の写真とともに新聞に記事が大きく掲載された。

その表情は当時の端正な顔立ちそのままで、もう懐かしさと嬉しさで胸が一杯になった。今もその新聞は大切に保管している。

また、その道を挟んだ先には、広瀬淡窓先生について執筆された同級生の実家も受け継がれている。

そこから少し下ると我が家の本家がある。用件を頼まれて緊張して訪れた記憶があるその家には、入口の石垣の上には天神様が祭られ、横には梅の木があった。必ず拝んで庭を抜けると玄関があった。あきらかに我が家と違うと感じながらも、誰にも言うことも聞くこともできなかった。また、お宮さんで生まれた曾祖母と、この天神様との関連も聞かずじまいである。

小さく静かな集落ではあったが、それぞれの家の風情は今も鮮明に甦り、優秀な二人の同級生のことも思い出深い。この年齢になると、身内の不幸や自身の不調などで大切な年賀状も滞りがちになるが、年賀状を手にした時はお互いに元気を確かめ合い、また一年頑張れると、生きていけることの幸せをかみしめている。「一年の計は元旦にあり！」とは毎年耳にしていた祖父の言葉であった。

それから九年間通い続けた通学路。左坂を登ると村が見える高台に小学校、そこから少し離れた場所に中学校があった。でこぼこ道で、雨の日はあちこちに水溜まりができる田舎道だったが、荷物などを運ぶ馬車道でもあった。所々に馬糞が落ちたままで、臭いを感じつつ避けて通ったことも、また懐かしい思い出でもある。しかし今は小、中学校は閉鎖されて隣町と合併され、跡地にはすでに公民館が建てられていると聞き、言葉を失った。

免許返納

切ない日が続いた。想い出は尽きないが、それもこのあたりで区切りにしなければと思い、現実に目を向けた。

大切な決断の時期が迫っていることもある。それは八十歳で車の免許返納を決めていたことである。先延ばしにしてもしかたないと、ある日、息子にその旨を伝えた。

すると思いもよらない返答があった。息子はやれやれとほっとした顔をすると、「お袋の運転は車の流れにのれんで、後続車に迷惑をかけたんやない？　あと、駐車の時もね……」と続けた。そういえば主人にも同乗しているとよく注意された。話しかけると「運転中は必要なこと以外はしゃべらんほうがいい」などなど。

　そのたび少々堅苦しい思いがして素直になれなかったことが悔やまれる。そのお陰でゴールド免許のまま返納することができたことへの感謝とお詫びで胸が締めつけられた。また、息子の嫁の車に乗せてもらった時、運転が不慣れな私に「路面に〈文〉と書かれた文字があったら、それが車の中心になるよう心がけると片寄らなくていいですよ」と優しく言われたことも忘れられない。

　結局、車との別れは、長男が車に詳しい次男に連絡していたのか、すぐに業者との手続きが済み、あっという間に引き渡しとなったが、記念に写真に収めることができた。「やれやれほっとしたよ。子供たちにも有難うと伝えてくれ」と千の風にのって主人の声が聞こえてくるような気がする。

　最後の最後に私は口数の少ない主人や子供たちに守られた、心配と迷惑をかけてばかりの二十年であったことに気づき、反省どころか猛省と後悔しかない。年齢相応に生きていくことが大切だと聞いた言葉が響いてくる。

　夢だの希望だのを追い求めた志の甘さ、判断力のなさ、そして独断専行で、周囲の空気さえ読めていなかったとつくづく痛感させられた。

もったいない

これから残された人生、もうこのようなことは許されない。これ以上、心配や迷惑をかけない生き方について考え、模索しながら生活を続けていたが、ふと母の言葉が甦った。

それはある日、母とテレビを観ていた時のこと、食品が廃棄される場面が映るなり母は「まぁーなんということね。もったいない、もったいないね」と小声と呟きながら両手を合わせ、「拾いに行こうごとあるねー」と続けると、しばらくうなだれていた。

その後、顔を上げると「贅沢な世の中になって来たもんやねー。これからもこのままでいいとやろうかねー」とひとりごちた。横にいた私は返答できなかった。むしろ、「また拾いに行きたい」という言葉には、ちょっと恥ずかしい気持ちにすらなった。

しかし、今、母の人生を思い返すと、あの時のひと言ひと言が理解できる。前述の通り、母が結婚した昭和十二年は戦争の年で、その四年後に太平洋戦争に入った。戦中戦後の長い年月、激動の真只中で物資も食糧も底をつき、それでもその日、その日をなんとか工夫して努力を重ね、必死に家族を守りながら生き抜いた母。まず子供たちに先に食べさせていたことも憶えている。

そういう母だからこそ、声に出さずにいられなかったのであろう。その声が今、ジーンと胸に迫り涙がこぼれ、同時に当時のことを少し思い出した。

トイレで使う紙にもこと欠く時代、祖父は新聞紙や古紙を切り揃えてトイレの籠に入れ、「使う時は良く揉んで柔らかくして使うとばい」と言っていた。炊事場には灰が置いてあり、茶碗や鍋を磨く時などに使いポンプで水を汲み上げて洗い流した。私も休日には友人とよく杉山に行き、少々手がチクチクしたが杉の枯葉を拾い集めて背負って帰ると祖父に喜ばれた。手のチクチクも祖父の笑顔を見ると消えてしまった。枯葉は薪を使う前に炊事の煮炊きや風呂沸かしに使っていた。

母は夕食が終わるとすぐに私たちの服のほころびを縫い合わせて再生してくれたり、自分の着物を解いて私たちの服を作ってくれたりと編物や仕事の残り、明日の準備などで夜遅くまで働き続けていた。その姿を見るにつけ、子供心に病気をしないだろうか、いつ頃寝ているのだろうかと、いつも可哀想になり、布団をかぶって泣いた日も思い出された。

そんな母の姿を知っていたのになぜ、その気持に寄り添えなかったのか。

たしかに周囲を見渡せば、現代は当時に比べると贅沢な時代とも思える。生活は潤い、不自由さを感じない生活になっている。しかし母の言葉は今になり深く考えさせられた。その重みがずっしりと心にのしかかってきた。

果たしてこのままで良いのだろうか。不自由さを感じなくなった反面、環境に与える悪影響も考えなければならないと思う。私も詳しいことはわからないが、食品ロスはもとよりゴミ問題や排気ガス等による気候変動、それらの生態系への影響、特にプラスチックゴミの微粒子が空気中をさまよっているのではないかとも言われている。

一握の砂にも満たない私ごときがそう思ったところで何の役にも立たないが、母のもったいない精神と「このままでいいとやろうかね」と言った言葉がどうしても忘れられなくなった。それは私への最後の課題となる気もしてきた。

息子からよく「料理の盛りが多すぎるよ、残したくないから減らして」と言われた。今になりドキリとする。祖父はよく「粗末にならんように始末が大切」と言っていた。息子は初めてのひ孫で可愛がられ、また懐いていたので、その言葉はきっと祖父から伝わったのだろうと思う。それと同時に今になり親として考えの浅さに気づかされた。

次の世代へ

右往左往しながら書き続けてきたが、最後の最後にこのような帰結となるなど想像すらしなかった。もともと母との約束も

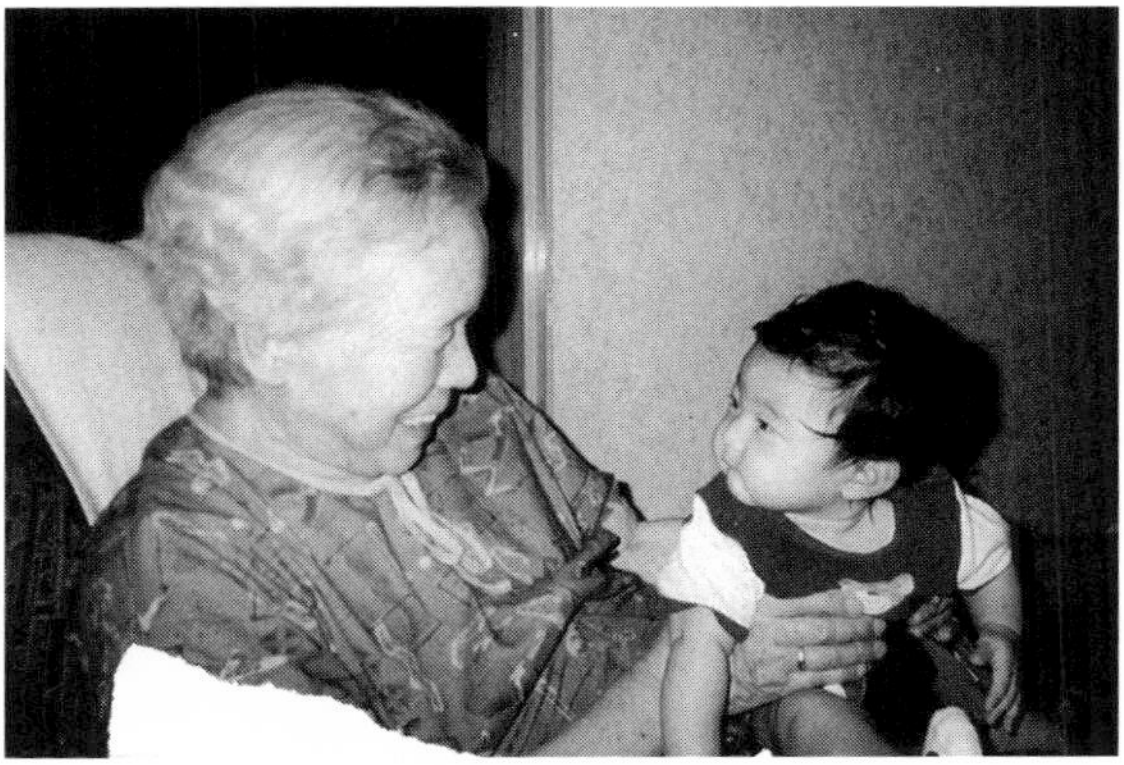

ひ孫を抱いて嬉しそうな母

あり、この話を書き残すつもりなどなかったが、こうして書き連ねてみると、感謝と反省とともに残された私の人生の糧となったと思えるようになった。

その根底にはやはり祖父と母の言葉がある。

祖父の粗末と始末の精神、母のもったいない精神。おそらく祖父や母に限らず同時代を生きた方々はきっと同じ思いで生活されたのではないかと思う。それらの方々の我慢、辛抱が礎となり、現在の繁栄に繋がったとも思える。

笑顔が眩しい２人の孫

今、こうして生活できている自分に課せられたもの、それは次の世代に豊かな環境を残すことではなかろうか。今さらと笑われるかもしれないが、限りある資源の中で生かされていること、それが私への戒めとなることに気づいた以上、これから一日一生、一日一善、少し無理して少し我慢して無駄を知ることが必要なのだと思う。

ここに来て古きを想い、祖父と母の言葉は今照らされて見える。私のこれからの志が決まった。

ふり返ると百六十七年にも及ぶ家族にまつわる歴史を学ぶことになった。八十歳を超えた今、これらをたどり、思い出し、学べたことは、代え難い喜びとなり、生涯を通して生きる糧となった。

あとがき

本文を見直してみると、我が家の家系や当時の出来事を私なりに調べた約九十年の歴史に加えて、子どもや孫の代のことまで入れると約百六十七年もの長い年月となり、実に六代に亘っていた。

特に一九四五（昭和二十）年八月の終戦までの期間は、驚愕の連続であった。間隔をおきつつ戦争が何度も起こり、国内外を問わず悲惨な時代で、国民は心身ともに苦難の生活を余儀なくされていた。私もそのことをそれなりに学校で習っていたはずだが、ほとんど忘れてしまっていた。改めてふり返るとそれは曾祖母、祖父母、父母、私までの時代であった。

一方令和に入ると突然、世界中で新型コロナウイルスの感染が広がった。日本も例外ではなく、精神的なショックに加え、外出制限やマスク生活、あちこちに手指消毒容器が配置され、コロナ禍に苦しめられた。身を守ろうと気を付けながらも多くの人の生命が次々と奪われていく悲しすぎる日々。私の心も痛み続けた。

その状況下で役割を任命された指導者の重責もいかばかりであったかと思う。また、指示に従い続けた国民の協力も大きかった。感染の大きな波を第七波まで乗り越え、今は第八波と言われているが、それでも少しずつ緩和の方向へ向かっている。

今、私は海に近い住みやすい町として選ばれたことのある静かな街の片隅で海の凪に癒され、買い物は市の巡回バスのお世話になり、たった一人の乗客でも快い対応にはほっとさせられる。

子供たちが家に来る回数も増え、近所の方々とのおしゃべりや、時には現役時代の友人との食事も可能となり、少しずつ以前の明るさも見えてきて、嬉しいと思う気持ちも実感である。

また、スマホの便利さにも助けられ、時に触れながら子供たちや親族、友人とやり取りする写真や動画などにも癒され、つい寂しさも忘れる生活に感謝している。

最後になったが、本書を出版するにあたり、私の恩師であり徳島文理大学名誉教授の小田正枝先生には励ましと編集へのお力添えをいただき、お礼を申し上げたい。加えて木星舎の波多江稿氏にはお洒落な装丁や編集に大変お世話になり感謝している。

付記

今回、私が調べてきた歴史の中で最も大きな変革は何と言っても一八六七（慶応三）年の大政奉還で、江戸時代が終わり十五代徳川将軍の位は天皇へ返上された。江戸は東京と改められ、年号は慶応から明治となり翌年、天皇は東京へ移られた。封建時代から四民平等となっていき、その頃から散髪、脱刀が許されていた。

私が中学生になった頃、歴史を学んだことを祖父に話すと、そうたいねーと言って歌のような言葉を教えてくれた。「〈ざん切り頭をたたいてみれば文明開化の音がする〉とか言われとったみたいやねー。その頃から世の中も変わっていったっちゃろう！」。深い意味はわからなかったが何となくうなずいた気がする。印象に残る言葉だったので今もしっかり記憶している。

その頃、国内では色々と反発者も多く出ていたが、一方では本格的に産業が発展し、外国の文化を取り入れたり義務教育制度が始まったり、交通、通信設備が拡充されたり、新聞・雑誌が発刊されたりと徐々に近代化が広がりをみせていた。また、この時代には渋沢栄一も本格的に民のためにと経済発展などに力を入れ、各種の事業に尽力されていた。それらの業績を見るにつけ、さすがに今回新一万円札の顔となられる方だと再認識し、近代国家への道へと進み出す日本の第一人者であったことに感動を覚えた。当時の年齢は三十歳前後で、その頃の曾祖母は十歳前後のはずである。

その後、一八七一年に岩倉具視が大使としてアメリカやヨーロッパに出かけた際、女子留学生も数名参加されていた。その中になんと津田梅子がいたことを知り、当時八歳で留学されていたことは、息を呑むほどの驚きであった。ここでも数年後、新札（五千円札）の顔になられる方の名前を見つけ感激だった。帰国後は教育などに尽力され、現在の津田塾大学を創設された。また、十二歳の大山捨松（改名されたとか）も留学生として同行されていたこともわかった。帰国後は看護教育校を設立された方で、私も看護師であるだけに目に留まり感動であった。チャリティーバザーを開かれたり、日本赤十字社にも貢献された方である。

ここでふと、父がなぜか終戦後（昭和二十一年）に日本赤十字社から勲章をいただいていたことを思い出した。今となっては理由などわからないが、その関連が嬉しかった。

一八七二年前後から産業は発展を続け、あちこちに工場が造られ、その模範と言われる立派な建物が富岡製糸場であったとか。

当時は福沢諭吉が「天は人の上に人を造らず人の下に人を造らずと言えり」と人間の平等性を訴えていた時期でもあり、何となくほっとすると同時にその言葉を習っていたことを懐かしく思い出した。

しかし、一方でこの時期に政府が進めた改革の中に「富国強兵」の文字を見つけ、ギクリとさせられ私の心に暗い影を落とした。結局、一八九四（明治二七）年頃からその方針は現実となり、国内外の戦いに舵は切られた。それから約十年後の戦争には祖父が外地へ出征している。その様子については当時のつらく悲しい思い出話を小学生の頃耳にしたことがある。

一九一四（大正三）年には父が誕生、この年に世界第一次大戦が始まる。日本も参戦していた。

さらに一九二〇年に起きた未曾有の大災害、関東大震災を挟んで昭和に入ると新たな戦争が起こった。国内では一九三〇（昭和五）年頃に軍縮条約を結ぶなど他国との関係改善への努力を重ね活路を見い出そうとしていたが、軍部が強く反対して大混乱を招き、当時の首相はついに狙撃され、翌年亡くなった。この年には何と父が十七歳という若さで外地へ出征しており、それは遺品の中にあった銅製と思われるずっしりとした従軍記章で判明した。本文と重複するが、当時わずか十七歳であった父の心情と気性、そして突然の赤紙一枚ですぐに外地での戦いに挑まなければならなかったことを重ね合わせ思わず泣き崩れた。

その翌年（一九三二年）、前大蔵大臣（私の故郷、大鶴村〈当時〉出身）も射殺されて、同年、次の首相も殺害されていた（五・一五事件）。この頃から軍部は強くなり、そのやり方に反対する人々は厳しい取り締まりを受けるようになっていた。わずか四年ほどで三たび大臣が殺害されるという悲惨な時代であった。それからの政治は軍人たちの政治となり終戦まで続いていたのではないかと思われる。

父も十七〜三十二歳くらいの間に出征と復員を三回くり返していたこともわかった。当時は祖父や父に限らず出征された方のご家族はもちろん、全国民が死の恐怖に晒されていた。戦地では次々と大切な命が奪われ、生きている人々は常に命の危険と向き合い、その心境と覚悟はいかばかりであったかと、言葉になど表せないその長い年月を思うとたまらなく切なくなった。文章も書けなくなっていた。改めてこの時代の方々のことは決して忘れてはならないと深く心に刻んだ。

もう戦後まで続いたこの悲惨さを語れる人もわずかになってきた。そのことを考えると、ふと近所に住んでいた仲の良い友人に起きた出来事を思い出した。御父様の戦死の知らせであった。御母様が白い布に包んだ箱を胸に抱き、友人は御姉様とともに泣きながら歩いていた。忘れていた友人の姿が私の心に戻り、ツーと再び涙がこぼれた。同窓会でよく日本舞踊を披露して下さった和服の似合う美しい女性であった。しかし、数年前旅立ち、寂しい日々が続いた。今は同郷の嫁ぎ先、美しい水の都・日田で静かに眠りにつかれている。

今では故郷を愛し離れなかった友人も数人、水の都で杉山に囲まれ眠りにつかれている。こうして年齢を重ねるということは自然の摂理というものであろうか。こんな切ない別れを受け止めていかなければならない年代になってきたのだと、自分も含めて覚悟のようなものをしみじみ感じる。そういえばのし袋も若い頃は紅白のものを使うことが多く買い溜めておいたが、最近では使うこともめっきり少なくなり、代わりに白黒の水引が増えてきたことにも気づかされた。

今年で戦後七十七年が過ぎた。まず思い出されるのは六月二十三日の沖縄の慰霊祭、数え切れない人々の尊い命が奪われた鎮魂の日である。

八月六日には広島を震撼させ恐怖の底に落とした原子爆弾の投下があった。ここでも約十四万人の犠牲者があった。毎年、つらく悲しい過去の爪痕を残す原爆ドームが映し出されて式典が始まる。

そして同月九日、長崎でも再び原子爆弾の投下があった。

いずれも犠牲者への追悼、鎮魂の式典である。

この式典では毎年忘れることのできない場面がある。学生から高齢の方まで代表の方々が手桶に水を入れて犠牲者の霊にお供えされる場面では心が痛み、涙とともにただ手を合わせて画面に向かって冥福をお祈りさせていただく。

私にとって貴重な時間である。この儀式は一命はとりとめたものの全身に無残な火傷を負い、苦しみに耐え続け、「痛い、熱い、苦しい、水を、水を下さい」と悲痛な声を残して命を落とされた方々へのせめてもの命の水として捧げる儀式であると耳にした記憶がある。昭和の後半に当地を訪れた際に案内の方から説明していただいた気がする。私は当時、短い間に沖縄と広島に訪れ各々の悲惨さを耳にして絶句した記憶がある。

いつの日か定かではないが祖父に戦争の話をした時、「生きるも地獄、死ぬも地獄やったろうねー」と言っていたことを改めて思い出した。

そして同年八月十五日の玉音放送。お昼頃だったと母から聞いた憶えがある。真っ先に天皇陛下の御言葉がラジオで全国に放送され、それは戦争の終結を意味していた。

陛下の御言葉、「耐え難きを耐え、忍び難きを忍び」。国民に対してのお詫びとも思えた。その御言葉を聞いた途端に胸が一杯になり涙が止まらなかったという母の言葉は今も忘れない。誰よりも一番に天皇陛下が民の本心を理解して下さっていたこと、その御言葉をきっかけに生きていいのだ、生きていかなくてはと家族と話し、近所の方々とも話し、勇気が出て覚悟ができたということだった。当時の偉い人たちの民に対しての言葉は聞かなかったような気がするとも言っていた。

二〇一六年にはアメリカの大統領が来日。広島を訪れた際に被爆者の方々と対面されている姿には驚きとともに感慨深いものを感じた。お互いに理解しあえた時間ではなかったかと涙とともにほっとした思い出がある。祖父が言っていた「雨降って地固まる」という諺を思い出した。

その後、とある国が日本の目覚ましい復興と発展に対してその努力に感銘を受け、日本の旗を形どり、中心に赤く、丸く染めた国旗としたという情報をたしかに聞いたことがある。これからの日本もさらにお手本になっていただきたいとも願った。私が小さい頃、祝祭日になると祖父が木箱の中から旗を取り出して白と黒が交互に色塗りしてある竹竿に結び付け、先端には金色の玉を飾りつけて玄関先に高く掲げていた。青空の下で旗が風になびくと紅白が揺れる。「ワー美しいね」と言うと祖父はうなずき頭をなでてくれた思い出も懐かしい。

当時の歌を思い出した。「白地に赤く　日の丸染めて　アー　美しや日本の旗は」。また、同時に当時食べていた弁当のことも思い出した。日の丸弁当といって麦の多い御飯の真ん中に大きな梅干しが一個入り、田舎ではまだまだ物資も少ない時代に「お互いに日の丸弁当だ」と笑顔で言い合っていた頃もまた懐かしい。

いつの頃か定かではないがアメリカから輸入されたという人形を観せてもらって驚いた。今まで見たこともない人形でピンクのワンピースで髪の毛は黄色く、目は丸く大きく青い目をしていた。あの可愛かった人形は印象的で忘れられない……。ここでも思い出した当時の歌がある。「青い眼をした　お人形は　アメリカ生まれのセールロイド」とくり返し、「日本の港へ　ついたとき　一杯涙を　浮かべてた　わたしは言葉がわからない　迷子になったら　なんとしよう　やさしい日本の　嬢ちゃんよ　仲よく遊んで　やーっとくれ」と「仲よく」の部分からくり返した気がする。当時流行していたのではないかと思う。

この歌は学芸会だったか地区の催しだったかはっきりしないが数人で踊った記憶がある。歌も踊りもしっかり覚えていてまた懐かしい。そしてつい最近知ったのだが、このアメリカから輸入された人形は日本人形と交換され国交に役立っていたとか。

この国交には渋沢栄一も加担されていたことも知ることができた。おそらく大正時代のことだと思われる。私は驚くと同時に感動し、その優しい心配りに感謝した。そしてなんだか急に身近に感じられて、嬉しくなった。

いつの頃からか、私はなんとなく丸い形が好きになり、水玉模様のワンピースやスカートを着用していた。母も同じように好きだったのか水玉模様のハンカチが二枚見つかり、今も大切に使わせてもらっている。

そして本文の十二ページにも載せているが、遺品の中に丸い石四個が箱の中に収められていた。手にとると河岸の石だと感じた。大きいのは直径八センチメートルあった。するとこの石が丸くなるまでの年月はどのくらいだろうか、長い年月を要したのではないかという疑問が浮かんできた。水に流され打たれて、摩擦しあってをくり返して母の手に握られたのではないかと想像すると、石が急にいとおしくなりなでてみた。「たかが石、されど石なり」である。母はなぜこの四個の丸い石を箱に収めていたのかと思ったが、ふと私たちが四人姉弟であることに気づいた。もしかしたらこの石に何かを託していたのかもしれない。真意はわからないが人生に対する意味が込められているようにも感じた。もしかしたら人生を丸く生きて欲しいという願いを込めた道しるべだったかもしれないなどと勝手に想像していると母の笑顔が浮かんできて涙がこぼれた。石といえどもそこに歴史を感じた。何事も心して生きていけば無駄なことはないのではなどと一人色々と想いを馳せた。

今は窓辺に飾り、眺めては母を偲び、石への愛着を感じている。贅沢はできないけれど、せめて丸い心を意識しながら静かに残りの人生を送っていくから見守ってね。

そういえば、祖父が「世渡りというもんは、時に長いもんに巻かれて丸く暮らしていかなきゃーならん時もあるけんねー。気にくわぬ　風もあろうに　柳かな」と言っていた。……いつの頃かは記憶にないがきっと私が悩みごとを相談した時に人生の教訓として教えてくれたのだろう。後には「苦労もそのうち身の宝」とも言っていて元気をもらった気がする。丸い人生とはそういうことも含めて人生なのかもしれないと、この年齢になって深く、深く考えさせられた。

これまでに祖父や母から数え切れないほどの言葉や諺をもらった。にもかかわらず、子どもたちに伝えた記憶はない。私にはそれを伝える力量が足りなかったのではないかなと思う。

天気の良い日は窓を開けると明るい日差しが差し込んでくる。今さらと笑われそうであるが、改めて太陽に生かされているのだと実感する。満月の夜はなんとなく癒される。

丸い地球の上にある日本も無事に戦後七十七年を迎えようとしている。「民の国となってからは、多くの意見が反映されたり、見直されたりと片隅で暮らす私たちにもその実感があるよねー」と母が口ぐせのように言っていた。何でも話せるようになった世の中を昔の苦労話を交えながら時折話してくれた母も現代の世に感謝しつつ静かに百四年の生涯に幕を下ろした。

たかが老人のくせに、何もできないくせにと言われそうではあるが、ポンコツ頭に近いながら安政時代に誕生した曾祖母の時代から約百六十七年、その歴史と生活を知った私の気持ちを少しでも察していただければ幸いである。

八十歳過ぎの婆ー婆ーも色々な反省があるが、これから百年時代を生きていく方々、皆さんどうぞ心身ともに幸せの実現が成されることを切にお祈りしている。

【著者紹介】

いけだ〈立花〉はるみ

昭和 14（1939）年生まれ。
原看護専門学校（2 回生）卒業後、福岡県内の病院にて看護師、看護師長を歴任。定年後は福岡市内及び門司の病院看護部顧問を務めた。

自叙伝　亡き母に捧ぐ

踏まれても根強く生きる

2023 年　8 月 15 日　第 1 刷発行

著　者　　いけだ〈立花〉はるみ

発行所　　図書出版　木星舎
〒 814-0002　福岡市早良区西新 7 丁目 1-58-207
TEL 092-833-7140　FAX 092-833-7141

印刷・製本　シナノ書籍印刷株式会社

ISBN978-4-909317-33-9